3000 KILOMETER NUR OZEAN
Meine Atlantiküberquerung in einer Cessna 340

3000 KILOMETER NUR OZEAN

MAXIMILIAN HOLLERBACH

Meine Atlantiküberquerung
in einer Cessna 340

Bibliografische Information der Deutschen Bibliothek
Die Deutsche Bibliothek verzeichnet diese Publikation in der Deutschen Nationalbibliografie; detaillierte bibliografische Daten sind im Internet über https://portal.dnb.de abrufbar.

Maximilian Hollerbach
3000 Kilometer nur Ozean. Meine Atlantiküberquerung in einer Cessna 340

ISBN:	978-3-7519-1430-7
Coverdesign:	Books on Demand GmbH, Norderstedt
Coverfoto:	Maximilian Hollerbach
Satz & Layout:	Johann-Christian Hanke

Verlag und Druck: Books on Demand GmbH, Norderstedt
Alle Rechte vorbehalten
1. Aufl. 2020, Norderstedt
© Maximilian Hollerbach

INHALT

PROLOG

Fünftausend Meter Luft zwischen uns und der salzigen Tiefe. Das Einzige, was uns von der unendlichen Weite des Ozeans trennt: die Flugzeugmechanik und unser Piloten-Know-how. Bei einem vierstündigen Flug über den Atlantik meint man, dass man sich viele Gedanken über das Leben machen kann, plötzlich eine Erkenntnis oder eine Erleuchtung hat. Man alles auf einmal aus einer neuen Perspektive betrachtet.

Doch die Wirklichkeit ist eine ganz andere: Zwischen Wind und Eis, tausende Meter über dem Ozean bleibt für große Gefühle keine Zeit. Ganz im Gegenteil: Als ich mich im Cockpit meiner Cessna 340 über dem Atlantik befand, registrierte ich die Welt um mich herum kaum. Die Überwachung der Instrumente nahm enorm viel Zeit in Anspruch. Nie zuvor war ich fokussierter und konzentrierter auf die technischen Vorgänge um mich herum, als bei diesem Abenteuer.

Die unendliche Weite des Ozeans, Eisbergschluchten, die um einiges tiefer sein können, als Wolkenkratzer in New York hoch, machen es sehr unwahrscheinlich nach einem Absturz gefunden zu werden. Besonders die gigantischen Eisberge Grönlands sind atemberaubend und ließen mir Schauer über den Rücken laufen.

Doch zu wissen, dass auf den Mann neben mir Verlass war – der Beste, den ich mir nur wünschen konnte – und ich es endlich gewagt hatte meinen langgehegten Traum in die Tat umzusetzen, das lässt sich mit keinem anderen Gefühl vergleichen.

Davon, und von meinem Weg dorthin soll dieses Buch erzählen. Von meinem Freund Yura, der dieses Abenteuer mit mir gewagt hat. Von Bob und Jeff, den Flugzeugliebhabern, die ich in mein Herz geschlossen habe. Den vielen Menschen, denen ich während der Vorbereitung meiner Reise begegnet bin, den verlassenen Flughäfen, die wir passierten, der Weite der Landschaft, über die wir geflogen sind und von den Menschen, die mich bei meinem Traum immer unterstützt haben, möchte ich erzählen.

Dieses Buch richtet sich an Flugzeugkenner und -liebhaber und solche, die es werden wollen. Aber auch an alle Abenteurer und Träumer, die mich auf meiner Reise durch die Lüfte begleiten wollen und vielleicht selbst einmal ein ähnliches Vorhaben wagen wollen. Den langen Weg bis zur eigentlichen Überquerung erkläre ich detailreich. Von den Anfängen, über die aufwendige Suche nach dem richtigen Flugzeug, dem Vorbereitungstraining und unseren Abenteuern in der Luft. So kann der Eine oder Andere vielleicht ein paar hilfreiche Tipps für sich mitnehmen.

EIN LANGGEHEGTER TRAUM

THE JOURNEY BEGINS ...

Alles fing im Dezember 2017 an. Mit meiner Freundin Iris verbrachte ich den gemeinsamen Urlaub in den USA. Genauer gesagt, im wunderschönen San Diego, wo ich vor vielen Jahren meine Liebe zum Fliegen entdeckte. Wie jeder amerikanische Pilot muss man, um seine Lizenz zu behalten, alle 24 Monate einen Checkflug absolvieren. Ich wollte unseren Urlaub damit verbinden. Aus dem geplanten Checkflug wurden mehrere Flüge und meine alte Leidenschaft loderte wieder auf. Ich entschied mich, eine zweimotorige Beechcraft Dutches zu fliegen. In der Fachsprache eine BE76. Selbstverständlich war Iris mit an Bord und so flogen wir über Los Angeles nach Camarillo zum Mittagessen. Nachdem wir wieder im Hotel waren, kamen alle alten Träume wieder hoch, die schon lange in mir schlummerten. Ich hatte seit mehreren Jahren den Traum, einmal den Atlantik mit einem eigenen Flugzeug zu überqueren. Nachdem ich die letzten Jahre ein wenig gespart hatte, dachte ich mir, wenn ich jetzt nicht versuche, mir diesen Traum zu erfüllen, dann wird das niemals passieren. So verbrachte ich in diesem Urlaub viel Zeit damit, Flugzeugzeitungen und das Internet zu durchforsten. Ich erkundigte mich nach verschiedenen Flugzeugtypen. Aber dazu später mehr.

Ich bin überzeugt davon, dass jeder Mensch einen Traum hat. Nur wenige haben die Chance, ihren Traum zu leben. Traurig finde ich aber, wenn man grundsätzlich die Möglichkeit hat, seinen Träumen zu folgen, aber immer wieder Gründe findet, es nicht zu tun. In meinem Fall hatte ich die Möglichkeiten, meinen Wunsch zu erfüllen und ich wollte ihn um jeden Preis in die Tat umsetzen. Ausreden gab es jedoch viele: die Verpflichtung den Mitarbeitern gegenüber und meiner Familie. Insbesondere meine Tochter und meine Freundin mussten für eine Weile kürzertreten. Meine Freundin

Iris war zu dieser Zeit mit unserem Sohn Maximus schwanger, der am 9. November 2019 auf die Welt kam.

Dass mein Vorhaben nicht einfach werden würde, war auch klar. Doch was im Endeffekt alles auf mich zukommen würde, war mir zu dem Zeitpunkt nicht bewusst.

Fast blauäugig ging ich an das ganze Thema heran. Dafür mit voller Begeisterung und Leidenschaft für die Sache. Wieder zuhause in Deutschland verbrachte ich viel Zeit damit, das richtige Flugzeug für mein Vorhaben zu finden. Ich habe alle möglichen Optionen und Modelle geprüft: von Piper über Cessna bis hin zur Mooney.

Nachdem ich das Internet fast leer gelesen, mich über Reichweiten der Flugzeuge und alle möglichen Zusatztanks informiert hatte, entschied ich mich vorerst für eine Mooney. Also sprich ein einmotoriges Flugzeug ohne Turbomotor. Nachdem meine Entscheidung feststand, erzählte ich meiner Familie von meinem Vorhaben und zeigte ihnen das Flugzeug, mit dem ich fliegen wollte. In den Augen meiner Mutter und auch Schwester konnte ich das blanke Entsetzen erkennen. Natürlich wurde angesprochen, dass es unverantwortlich sei, diesen Traum zu leben und ob ich Selbstmordgedanken hätte. Aber ich hatte meinen Entschluss gefasst und war nicht mehr bereit, mich umstimmen zu lassen. Mein Vater hat das ganze Vorhaben nicht weiter kommentiert. Er nahm mich eines Abends beiseite und sagte mir unter vier Augen, dass er sehr gut versteht, warum ich diesen Traum in die Tat umsetzen möchte. Er empfahl mir jedoch, ein zweimotoriges Flugzeug zu kaufen. Seiner Einschätzung nach seien die zweimotorigen sicherer und ich hätte doch ein paar Verpflichtungen, an die ich denken sollte. Diese Empfehlung nahm ich sehr ernst. Mein Vater war selbst Pilot und kannte sehr wohl den Unterschied. Leider ist er in der Zwischenzeit verstorben. Auch meine Freundin Iris stand von Anfang an voll und ganz hinter mir. Wenn das wirklich mein Traum sei, dann solle ich ihn leben, waren ihre Worte.

Eines Abends, als ich im Büro saß, kam mein Vater unerwartet vorbei. Er war sehr interessiert an dem Flugzeug, das ich ausgewählt hatte, und wollte die Mooney sehen. Nachdem ich ihm meine Auserwählte im Internet gezeigt hatte – wohl wissend, dass ein zweimotoriges Flugzeug wohl das bessere wäre – fragte er mich nochmals, ob ich mich nicht doch umentscheiden wolle. Er erklärte mir weitere Vorteile eines zweimotorigen Flugzeugs: Zum

Beispiel könnte ich es auch in Deutschland nutzen, um Kunden zu besuchen. Bis zu diesem Abend war ich mir fast sicher, dass ich eine Mooney kaufen werde. Doch nach diesem sehr intensiven Gespräch sah ich mich auch auf dem Markt für zweimotorige Flugzeuge um. Nachdem ich viele Abende im Bett mit meinem iPad verbrachte, um mich einzulesen, fiel mir eine Cessna 340 aus Auburn, California auf. Als auch der Preis für mich passte, begann ich mich in das Thema Cessna 340 einzulesen. Ich las alle Unfallstatistiken sowie Erfahrungsberichte und Pros und Kontras. Mir wurde klar, dass ich noch einiges an Training absolvieren musste, bevor ich das Flugzeug beherrschen und fliegen konnte.

Ich schritt zur Tat und schrieb dem Verkäufer der Cessna eine E-Mail. Es stellte sich heraus, dass Andy in New York City ein deutsches Restaurant betrieb und zur Hälfte Deutscher war. Ein sehr netter Kerl. Über einen Zeitraum von zwei Monaten schrieben wir immer wieder hin und her. Ich fragte alle Fragen, die mir einfielen, selbst wenn sie mir dumm vorkamen. Doch Andy nahm sich die Zeit und beantwortete alles geduldig. Ich hatte ein gutes Gefühl mit ihm und wollte mir das Flugzeug unbedingt anschauen. Doch ein Problem gab es: Ich hatte keine Ahnung, wie man ein Flugzeug in den USA kauft und das Ganze abwickelt. Aber ich war voller Zuversicht! In einem nächsten Schritt musste ich einen Mechaniker beauftragen, der das Flugzeug genauer unter die Lupe nehmen sollte. Leider lief nicht alles so glatt, wie erhofft.

Ich beauftragte einen Mechaniker, eine Pre-Buy-Inspektion an dem Flugzeug vorzunehmen. Der Mechaniker kannte das Flugzeug und hatte die Jahresinspektion bereits einige Male am selben Flugzeug durchgeführt. Normalerweise sollte man jemanden kommen lassen, der weder das Flugzeug noch den Verkäufer kennt.

Erst im Nachhinein erfuhr ich, dass der Mechaniker und der Verkäufer gute Freunde waren. Aber man kann leider nicht alles im Vorfeld wissen. Bei der Pre-Buy-Inspektion war so weit alles okay, bis auf ein paar kleine Sachen. Diese wollte ich mit dem Verkäufer Face-to-Face klären. Der Pre-Buy-Mechaniker verzweifelte bald an mir. Ich stellte ihm die gleichen Fragen wie dem Verkäufer und quetschte ihn stundenlang über die Technik aus. Nachdem er die Flugzeugpapiere und Bücher geprüft und alles abgestempelt hatte, war es Zeit, den Verkäufer zu treffen.

Wie sieht die Kaufabwicklung aus, wenn das Flugzeug okay ist? Und wer wird Eigentümer? Das sind Fragen, mit denen man sich dringend beschäftigen sollte. Man kann als Deutscher nämlich kein amerikanisches Flugzeug besitzen. Das ist gesetzlich so geregelt. Also braucht man einen Mittelsmann, einen Trust oder einen amerikanischen Freund. Da ich lange Zeit in den USA gelebt habe, hatte ich genug Freunde, die ich fragen konnte. Nachdem ich mich in das Thema abends mal wieder nur ganz »kurz« eingelesen hatte – meine Freundin würde sagen: Monate eingelesen hatte – kam allerdings nur ein Trust für mich infrage. Der Trust wurde auch von der amerikanischen Luftfahrtbehörde FAA, der Federal Aviation Administration geprüft.

Nachdem diese Entscheidung gefallen war, machte ich das Internet erneut unsicher und las alle möglichen Bewertungen über den Trust. Nach einer intensiven abendlichen, natürlich nur »kurzen« Recherche, bei der manche wichtigen Menschen in meinem Leben zu kurz gekommen waren, hatte ich Detlef gefunden. Detlef betreibt einen Trust und ist Deutscher. Ich durchlöcherte auch ihn mit meinen Fragen und nervte ihn Tag und Nacht. Bald darauf stand dann auch der Trust fest.

Okay, so weit so gut, aber wie funktioniert denn jetzt die Abwicklung im Detail?

In Deutschland erfolgen solche Abwicklungen über einen Treuhänder. Selbstverständlich wird das auch in den USA so gehandhabt. Durch die AOPA USA – Aircraft Owners and Pilots Association – fand ich einen Treuhänder, der sich ausschließlich auf Flugzeuge konzentriert. Endlich war dieses Problem gelöst und ich konnte die nächsten Schritte angehen. Da ich die Cessna 340 lediglich aus dem rechten Sitz gesehen habe, und das auch nur kaum, wollte und musste ich ein Training absolvieren. In den USA gibt es die besten Simulatoren, die Auswahl ist wirklich enorm. Nachdem ich die bekannten Trainingsanbieter abgeklappert hatte, las ich in einem Artikel über einen ehemaligen Delta-Airline-Kapitän namens Jeff, der über eine eigene Trainingsstätte verfügte, inklusive eines Simulators. Nachdem diverse andere Trainingsstätten meine E-Mails mit einem Standardtext beantwortet hatten, schrieb der ehemalige Delta-Kapitän auf meine detaillierten Fragen mit präzisen Antworten zurück.

Nach ungefähr sechs E-Mails hin und her nahm ich den Hörer in die Hand und rief ihn schließlich an. Nach diesem Telefonat war mir klar, dass ich mein Training mit Jeff absolvieren möchte.

JEFF UND BOB

Im Februar 2018 ging die Reise endlich los. Ich wollte vorher mein Simulatortraining in Los Angeles absolvieren und mir dann das Flugzeug anschauen. Danach war geplant, den Verkäufer und den Mechaniker, der die Pre-Buy-Inspektion durchgeführt hatte zu treffen. Nach meiner Landung in Los Angeles fuhr ich sofort nach El Monte im östlichen Teil der Stadt. Der Stadtteil wird auch Klein-Asien genannt. Bei meiner Ankunft im Trainingszentrum empfing mich Jeff schon sehr herzlich. Er war mir auf der Stelle sympathisch. Ein 70-Jähriger, mit lichtem grauem Haar und einem etwas größeren Bäuchlein. Er lächelte viel und strahlte eine unglaubliche Gelassenheit aus. Die erste Stunde redeten wir über Gott und die Welt. Jeff erzählte mir, dass er als Kapitän lange mit einer 767 geflogen war, bis er sich zur Ruhe gesetzt hatte. Da er seinen Lebensabend nicht einfach zuhause ver- bringen wollte, gründete er ein Trainingszentrum, das sich auf Cessnas der 300er- und 400er-Serien spezialisierte.

Als ich ihm von meinem Vorhaben erzählte, hörte er mir angeregt zu. Nachdem wir uns festgequatscht hatten, machte sich auch mein Jetlag bemerkbar. Wir verabschiedeten uns und ich ging ins Hotel. Ich musste ja am nächsten Tag fit sein für unseren ersten von drei Trainingstagen. Um acht Uhr morgens empfing mich Jeff schon mit duftendem Kaffee und leckeren Donuts. Ich war froh, dass Jeff Donuts dabeihatte. Von den fünf mitgebrachten verdrückte er ganze vier Stück. Aber auch mit einem Donut war ich überglücklich und voller Vorfreude auf die nächsten drei Tage. In der Einleitung wurde das gesamte Programm vorgestellt. Die drei Tage waren minutiös geplant. Beendet wurde das Programm mit einem schriftlichen Test und einem Simulatorflug. Aber an diesem Morgen wurden wir erst ein- mal in die verschiedenen Flugzeugsysteme eingeführt. Den Kopf voller In- formationen freute ich mich bald auf eine Pause. Zum Mittagessen lud Jeff mich, wie nicht anders zu erwarten in die Flugzeuggaststätte ein und wir kamen mit einigen Leuten ins Gespräch. Jeff kannte hier wirklich jeden und jeder kannte den lachenden, stets gut gelaunten Jeff. Wie selbstverständlich stellte Jeff mich jedem am Flughafen vor und erzählte allen von meinem Vorhaben. Ich fühlte mich herzlich aufgenommen. Nach dem unterhalt- samen Mittagessen stand der erste Simulatorflug an. An diesem ersten Tag übten wir alle möglichen Flugausfälle vom Motorfeuer bis zum Reifenplatzer. Wohlgemerkt bei gutem Sichtwetter!

Schon da bin ich schon ganz schön ins Schwitzen gekommen. Gegen 19 Uhr hatten wir das Simulatortraining für den ersten Tag abgeschlossen. Aber Jeff war noch nicht fertig. Er wollte mir unbedingt sein eigenes Flugzeug zeigen, eine Cessna 206 Centurion. Ich war begeistert von der Idee, obwohl sich schon die erste Müdigkeit bei mir bemerkbar machte. Jeff erklärte mir jeden einzelnen Knopf in seinem Flugzeug. Danach alberten wir noch ein wenig herum. Nach diesem Tag fiel ich abends erschöpft aber glücklich ins Bett und schlief wie ein Murmeltier!

Der zweite Tag in El Monte oder KEMT, wie der ICAO-Code des Flugplatzes lautet, startete früh. Diesmal brachte ich die Donuts mit. Ein paar mehr: Sicher ist sicher. Trotz der frühen Morgenstunden war Jeff wieder super gelaunt und brachte mich mehrmals zum Lachen. Seine Lebensfreude hat mich mehr als beeindruckt. Nachdem wir eine Weile herumgealbert hatten, wurde es wieder ernst: Flugzeugsysteme Teil zwei war an der Reihe. Nachdem wir sämtliche Fahrwerksprobleme diskutiert hatten, freuten wir uns auf die Mittagspause. Im Flughafenrestaurant trafen wir auf Bob. Einen guten Freund von Jeff. Bob ist 80 Jahre alt, Physiker, der in seinem Leben ein paar Firmen gegründet hat. Doch in seinem Herzen war er der geborene Erfinder. Bob tüftelte an allem, was die Luftfahrt berührt. Umso mehr freute ich mich, als er mir anbot mit in seinen Hangar zu kommen. Sofort war ich von seiner neuesten Erfindung begeistert. Bob hatte eine iPad-Halterung für das Steuerhorn entwickelt. Man könnte meinen, das ist ganz einfach und nichts Besonderes. Doch Bobs Halterung war nicht nur höhenverstellbar, sondern auch mit einer integrierten iPad-Kühlung ausgestattet. Eine bahnbrechende Erfindung, da der Pilot Flugsoftware auf das iPad spielen und so zur Navigation nutzen kann. Da das iPad dadurch nie in den Ruhemodus versetzt wird, überhitzt die Batterie schnell und das Gerät läuft Gefahr, abzustürzen. Ein wahres Genie, dieser Bob!

Bob und Jeff waren wie zwei kleine Kinder. Von ihrer unbändigen Lebensfreude ließ ich mich sofort anstecken. Immer gut gelaunt machten sie die drei Tage Training zu einem unvergesslichen Erlebnis. Ich hatte zwei gute Freunde gewonnen! Nach der spannenden Erfinderstunde im Hangar übten wir alle Notfälle IMC im Simulator. Also sprich: in den Wolken. Das war weitaus anstrengender als bei gutem Sichtwetter. Der Simulator hat mich richtig in die Mangel genommen: Es dauerte Stunden, bis das Prozedere einigermaßen saß. Das abendliche Bier danach hatten Jeff und ich uns mehr als verdient. Jeff war mir so sympathisch, dass ich ihn kurzerhand fragte, ob er mit nach Auburn kommen und mit mir die 340er anschauen wolle. Jeff sagte sofort zu und nahm mich in den Arm. Ich hatte das Gefühl, dass er darüber noch ein bisschen glücklicher war als ich. Am dritten Tag der Ausbildung stand Theorie Teil drei mit anschließendem Test auf dem Programm. Der theoretische Test war schwer, aber ich bestand ihn. Nicht gut, aber Hauptsache bestanden!

Glücklich nach bestandener Prüfung!

Wie zur Belohnung wartete ein kleines Abenteuer auf mich: Nach dem Mittagessen, bei dem auch Bob vorbeischaute, fragte mich Jeff, ob ich seine 421 sehen wolle, die er momentan für einen Kunden flog. Selbstverständlich wollte ich sie sehen! Doch sie stand nicht auf dem Flugplatz. Das war mir auch egal. Ich hatte ja Zeit.

Also dachte ich, wir würden zum Flughafen fahren. Doch Jeff hatte eine andere Idee. Wir fuhren zu Bobs Hangar und dann mit Bobs Flugzeug zu einem 30 Kilometer entfernten Flughafen. Auf der Fahrt zum Hangar erzählte mir Jeff, dass Bob früher sehr oft mit dem Flugzeug zur Arbeit und wieder zurückgeflogen war. Aufgrund seines hohen Alters hat er jedoch mittlerweile gesundheitliche Probleme: Herz und Kreislauf. Das überraschte mich sehr. Bob sah in meinen Augen ausgesprochen fit aus.

Da das Flugzeug von Bob bewegt werden musste, war klar, dass wir mit seiner Maschine fliegen würden.

Wir flogen von El Monte nach Bracket Airport. Angekommen in Bracket stellt mir Jeff wieder jeden einzelnen Flughafenmitarbeiter vor. Im Anschluss besuchten wir eine Flugzeugwerft. Nachdem ich den Senior-Chef der Werft kennengelernt hatte, stellte er mir auch seine Tochter vor. Jeff nennt sie die »Dragon Lady«. Warum, das würde ich später auch noch erfahren. Nach der Vorstellungsrunde verriet mir Jeff endlich, warum wir eigentlich hier waren. Wir liefen auf einen Hangar zu, der schon von außen alle anderen Hangars in den Schatten stellte. Doch was ich im Inneren erblickte, verschlug mir regelrecht die Sprache. Der Hangar war komplett zu einer Luxus-Halle ausgebaut worden: edelste Fußböden, antike Möbel und unzählige tolle und auch sehr teure Autos. Daneben stand die Cessna 421. Poliert und wie aus dem Ei gepellt. Ich kam aus dem Staunen nicht mehr heraus. Jeff öffnete die Türe und ließ mich auf dem Pilotensitz Platz nehmen. Er erklärt mir wieder mal jeden einzelnen Kopf und ich bin im Himmel. Ein sehr angenehmer Ausflug im wahrsten Sinne des Wortes.

Nachdem ich gefühlt jeden Knopf im Flugzeug begutachtet hatte, flogen wir mit Bobs Flugzeug zurück nach El Monte. In El Monte angekommen ließen wir beide diesen wunderbaren Tag bei einem gemütlichen Bier ausklingen. Nachdem ich anschließend im Hotel noch ein paar Vorbereitungen für den morgigen Checkflug getroffen hatte, fiel ich überglücklich ins Bett. Den Jetlag spürte ich leider immer noch ein wenig.

Am nächsten Tag stand der letzte Teil im Simulator an. Der Checkflug. Die Route hatte ich abends im Hotel vorbereitet inklusive Treibstoffplanung und Weight und Balance. Schon beim Start ging es anspruchsvoll los. IFR Departure Procedere, also sprich: Start bei absolut schlechtem Wetter. Danach auch noch »Engine out«. Ich wurde nervös. Die Geschwindigkeit war schon zu hoch, um den Start abzubrechen. Das sagten mir meine Berechnungen, also musste ich mit dem Single-Engine rein in die Schlechtwetter-Suppe. Für Jeff war das okay. Dann startete ich noch einmal. Diesmal lässt er mir beide

Motoren. Dafür jagt er jetzt ein Reh über die Startbahn und ich muss den Start abbrechen. Auch alles gut. Jeff meinte nur, dass er das schon mal besser gesehen hätte, aber nicht von mir. Ich bin zu angespannt, um zu lächeln. Okay. Es geht an Start Nummer drei. Was kann jetzt noch passieren? Na klar, »Engine out« beim Start, aber noch genug Bahn da, um nicht abheben zu müssen. Ich bin erleichtert. Bei Start Nummer vier gibt es ein Reifen- platzer und ich kann das Flugzeug nicht auf der Bahn halten. Jeff meinte danach, dass es fast unmöglich ist, auf solch einer kleinen Bahn zu bleiben. Würden ihm so viele Dinge bei einem Versuch zu starten passieren, würde er sich wahrscheinlich fragen, ob es überhaupt ein guter Tag zum Fliegen wäre, meinte er. Das beruhigte mich ein wenig. Die Startübungen waren immerhin geschafft. Die Startverfahren waren okay. Dann brachte Jeff mich auf 25 000 Fuß. Das Schöne an dem Simulator ist, dass man alle möglichen Notfälle nachstellen kann. Das wirkt enorm real, man bekommt Schweiß- perlen auf der Stirn und hat das Gefühl wirklich zu fliegen. Die Töne und die Vibrationen des Simulators machen das Trainingserlebnis komplett.

Ich war wieder auf 25 000 Fuß, also circa in 7600 Metern Höhe. Doch diesmal fiel das Triebwerk aus: »Dead foot, dead Engine.« Danach folgte die Emergency-Checkliste. Alles okay. Darauf folgten ein paar In-Flight-Not- fälle wie ein Druckverlust und ein kranker Passagier. Sehr aufregend das Ganze. Ich stand noch unter Strom von den vorherigen Übungen, doch im Anschluss gingen wir gleich zu den Instrumentenanflügen über. Allerdings nur mit einem Motor. Das Ganze wurde bis ins kleinste Detail durchexer- ziert. Langsam wurde mir richtig übel und mein T-Shirt war nassgeschwitzt. Erschöpft, aber glücklich kroch ich aus dem Simulator heraus. Bestanden hatte ich, aber eine 340er alleine fliegen – das war wirklich noch zu viel des Guten. Das war mir bei diesem Checkflug klar geworden. Abends wieder ein, na gut vielleicht auch zwei Bierchen mit Jeff. Er bot mir an, mitzukommen, wenn ich tatsächlich nach Auburn wolle, um das Flugzeug zu bewerten und zu fliegen. Das freute mich sehr, da ich kaum Ahnung hatte und seine Mei- nung sehr schätzte. Er schlug sogar vor, mit seinem Flugzeug hochzufliegen und mit mir dortzubleiben. So eine Einladung konnte ich auf keinen Fall aus- schlagen! Den Ursprungsplan mit einem Mietauto nach Auburn zu fahren, ließ ich getrost hinter mir. Nach den mittlerweile zum Standard gewordenen drei Bier ging es ab ins Bett. Nach dem aufreibenden Training hatte ich vor, am nächsten Tag gemütlich im Hotel zu entspannen und einfach mal gar nichts zu machen. Eine kleine Pause zum Durchatmen hatte ich mir redlich verdient.

Doch mein neuer Freund Jeff hatte ganz andere Pläne. Morgens um acht Uhr klingelte das Telefon und ich sollte zum Flughafen kommen. Ja, schlafen denn diese älteren Herren nie? Scheinbar nicht! Als ich am Flughafen ankam, stellte mir Jeff noch ein paar seiner Freunde vor. Als sein Telefon klingelte und er überraschend wegmusste, witterte ich meine Chance, mich wieder im Hotel zu verkriechen. Die letzten Tage hatten mir wirklich viel abverlangt. Doch dem war nicht so. Jeff nahm mich mit in sein Trainingszentrum und erklärte mir kurz die Steuerung des Simulators.

»Spiel schon einmal damit«, meinte er. Und das ließ ich mir nicht zweimal sagen. Ich flog alle möglichen Szenarien und Flugmanöver und vergaß dabei komplett die Zeit. Jeff stand geschlagene fünf Stunden später in der Tür und meinte, es täte ihm leid, denn er hätte mich total vergessen. Doch ich hatte ja meinen Spaß gehabt, mehr Training bekommen und gleichzeitig auch mehr Selbstvertrauen in der 340er gewonnen. Langsam entwickelte ich ein Gefühl für das Flugzeug. Abends luden mich Jeff und seine Frau zum Essen ein. Irgendwie hatte ich nach diesem Abend eine gewisse Ahnung, warum Jeff Pilot geworden war und so gerne von zuhause wegblieb. Nach dem dritten Bier und einem Rib-Eye-Steak ging es wieder in mein kleines asiatisches Hotel, wo man mich mittlerweile schon kannte. »The Tall Red Headed German« war inzwischen mein Spitzname geworden.

CESSNA 340, WIR KOMMEN!

Am 26. Februar 2018 war es endlich so weit: Unser Flug nach Auburn stand an und ich sollte endlich meine Cessna 340 zu Gesicht bekommen. Aufgeregt bin ich morgens zum chinesischen Frühstücksbuffet ins Hotel gekommen. Ich freute mich wie ein kleines Kind auf Weihnachten. Schnell etwas gegessen und dann sofort ab zum Flughafen. Dort erwartete mich Jeff schon vor seinem Hangar. Meine Vorfreude bekam ihren ersten Dämpfer, denn Jeff teilte mir mit, dass sein Flugzeug kaputt sei. Ich war enttäuscht und dachte schon, unsere Reise würde ins Wasser fallen. Andy der Verkäufer und Nick der Mechaniker warteten bereits auf uns. Und Jeff und ich saßen in El Monte fest. Toller Tag. Aber natürlich gibt es noch unseren Freund Bob und auf ihn war Verlass. Wir durften kurzerhand sein Flugzeug ausleihen, wie Jeffs ebenfalls eine Cessna 206. Bobs Cessna war mit jedem Schnick-schnack ausgestattet, den man sich in einem Flugzeug nur vorstellen kann. Angefangen von einem eingebauten Sauerstoffsystem, bis hin zu den besten Motorüberwachungen und einer erstklassigen Avionik.

Die Flugzeit nach Auburn sollte ungefähr zweieinhalb Stunden dauern. Also hieß es nach dem Start an Höhe gewinnen, um in dieser kurzen Zeit die Berge überwinden zu können. Man kann es kaum glauben, aber die Berge östlich von Los Angeles können bis zu 8500 Fuß hoch sein. Das ent-spricht 2500 Meter oder der Höhe der Hocheisspitze in unserem schönen Bayern. Jeff flog und ich übernahm die Flugplanung. Eine Wolkenfront war angekündigt, doch wir ließen uns nicht entmutigen. Auf unserem Flug er-zählte mir Jeff von seiner Familie und seiner Tochter. Jeff ist überzeugter Republikaner und lebt das auch. Seine Tochter hingegen ist Demokratin und bekennende Hillary-Clinton-Anhängerin. Dass dies zu Konflikten führt, dürfte klar sein. Jeff liebt das Fliegen und das Wort Autopilot kennt er nicht. Es wird generell immer von Hand geflogen. Kurz nach Los Angeles kam die erwartete Gewitterfront. Wir wurden ordentlich durchgeschüttelt, aber Jeff wurde schnell Herr der Lage und meisterte die Situation fantastisch für sein hohes Alter. Seine Ruhe und seine Besonnenheit waren bemerkenswert. Nachdem wir die Wolken verlassen hatten, gab Jeff noch einen Pilot-Report an den zuständigen Center-Lotsen ab, sodass der nachfolgende Flugverkehr über die Wetterlage informiert wurde. Sehr vorbildlich der gute Jeff. Ich habe mir auch angewöhnt, solche Meldungen abzugeben.

Sie sind wichtig, damit man die Wetterlage als Pilot einschätzen kann. Wie hoch ist das Wetter? Wird es holprig in den Wolken? Befindet sich Eis in der Front? Diese Informationen sind enorm wichtig, um entscheiden zu können, ob ein Flug machbar ist oder nicht. Bald machten wir uns für den Anflug auf Auburn bereit. Anflugkarte gebrieft – and ready to shoot the approach!

»Max are you ready?«

»Yes Sir, I am ready.«

»Okay, let's go see the old Lady.«

Mit »Old Lady« meinte Jeff nicht etwa seine Geliebte oder seine Frau. Sondern die Cessna 340 aus dem Jahre 1974, die wir gleich mit eigenen Augen begutachten würden.

Die Landung auf Piste 07 in Auburn verlief okay. Eine gute Landung ist eine Landung, von der man immer noch selbst davonlaufen kann. Eine sehr gute Landung eine, bei der das Flugzeug danach noch geflogen werden kann. Also konnte man im Nachhinein sogar von einer sehr guten Landung sprechen. Der Flugplatz Auburn ist ein unkontrollierter Platz. In Amerika kennt man keinen Flugleiter oder Ähnliches. Auch das IFR, das Instrumentenverfahren, funktioniert sehr gut ohne Flugleiter.

Der Center-Lotse gibt einen für den Anflug frei und ab dann ist man auf sich alleine gestellt. Das Fliegen in den USA ist mit dem Fliegen in Deutschland nicht zu vergleichen. In den USA ist man immer für sich selbst verantwortlich.

Nachdem wir die Landebahn verlassen hatten, suchten wir den Hangar von Mechaniker Nick. Schon kam uns ein Pick-up-Truck entgegen und signalisierte uns, ihm mitsamt dem Flugzeug zu folgen. In den USA ist es völlig normal, dass die Leute mit ihren Autos am Flughafen hin und her fahren. Nachdem wir dem Truck gefolgt waren, führte er uns zum Parkplatz. Nach dem Parken der Cessna stiegen wir in den Pick-up-Truck, der uns zu Nicks Hangar fuhr. Der Truckfahrer war ein Freund von Nick und Andy, der mir das Flugzeug verkauft hatte. Ich war aufgeregt und voller Vorfreude.

Nachdem ich die Türe des Hangars geöffnet hatte, sah ich sie!

Gestatten Sie: N6MK, eine Cessna 340 aus dem Jahr 1974. Was für ein schönes Flugzeug! Jeff sah das Blitzen in meinen Augen und sagte, dass ich mir das nicht anmerken lassen sollte. Nachdem wir uns bei Nick dem Mechaniker vorgestellt hatten, wanderten wir eine gute Stunde um das Flugzeug herum. Wir inspizierten und fotografierten das Cockpit, die Außenhülle, die Motoren und jedes noch so kleine Detail. Ich kam mir vor, wie ein Tourist auf Schloss Neuschwanstein: »Picture, Picture, Picture … and don't forget to smile!«

Wir konnten nur eine kleine äußerliche Beschädigung feststellen. Die musste selbstverständlich repariert werden. Wir machten uns eine kleine Liste mit Punkten, die uns sonst noch aufgefallen waren. Danach besprachen wir mit Nick die Ergebnisse der Pre-Buy-Untersuchung. Nick hatte alles auf Datenblättern ausgedruckt. Gewisse Flugzeugteile müssen nach einer bestimmten Anzahl von Flugstunden überholt werden.

Die Zündmagnete beispielsweise müssen alle 500 Stunden überholt werden. Und auch die Motoren sollten zu gewissen Zeiten überholt werden. So gingen wir die gesamte Liste durch. Alles sah sehr schlüssig und in Ordnung aus.

Das Prachtexemplar: Die Cessna 340

Danach waren die ADs dran. Das sind Anordnungen vom Hersteller, etwas zu prüfen oder auch zu überarbeiten. Hierfür ein Beispiel: Eine Cessna 340 ist abgestürzt, weil der rechte Motor brannte. Die Unfallbehörde stellt danach fest, dass das Shut-off-Ventil kaputt war. Daraufhin wird eine AD herausgeschickt, die anordnet, alle Treibstoff-Shut-off-Ventile auszutauschen. Da die Garantie der 340er bereits vor circa 40 Jahren abgelaufen war, kann man sich vorstellen, wer nun die Kosten übernehmen musste.

Die wichtigste AD bei der 340er ist 2000-01-16. Jeff wusste genau, um was es ich dabei handelte und quetschte Nick aus. Die besagte AD bezieht sich auf die Auspuffanlage aller Cessna 300er- und 400er-Serien. Konstruktionsbedingt wurde der Turbolader im Rahmen verbaut. Da die Auspuffanlage hohen Vibrationen ausgesetzt ist und der Turbolader fest verbaut, kann es zu leichten Rissen kommen und somit zu einem Motorfeuer. Aus diesem Grund muss diese AD dringend erledigt werden. Im Klartext heißt das, den Auspuff alle 30 Tage zu überprüfen und alle zwölf Monate einen Drucktest durchzuführen. Alle zwölf Jahre muss die gesamte Auspuffanlage überholt werden.

Auch das wurde erledigt. Nachdem wir den Mechaniker drei Stunden aus-gequetscht hatten, sind wir im Flughafenrestaurant essen gegangen.

Dort trafen wir auf den Verkäufer Andy. Andy besitzt, wie schon erwähnt, ein Restaurant in New York und mag alles, was extrem ist. Heliskiing, Fall-schirmspringen, Paragliding. Nebenbei ist er auch noch Helikopterpilot. Gekauft hat er die 340er, um Flugzeit aufzubauen, die er vor seiner Zeit als Restaurantinhaber für die Anstellung bei einer Airline benötigte. Er kaufte sich kurzerhand die 340er und flog sie. Nachdem er ausreichend Flugzeiten vorweisen konnte, wurde er von einer Fluglinie als Pilot einer Pilatus PC 12 angestellt. Da er beruflich viel unterwegs war, flog er die 340er danach kaum noch und sie stand die meiste Zeit herum. Nachdem ihm das Pilotendasein zu langweilig geworden war, übernahm er das elterliche Restaurant in New York City. Ein original deutsches Restaurant.

Nach dem Kaffee und einer Runde Small Talk wollten wir die »Old Lady« Probe fliegen. Andy fragte mich direkt, ob ich fliegen möchte. Ich wollte aber, dass Jeff den ersten Flug übernahm, damit er mögliche Fehler aufdecken konnte. Das tat Jeff auch. Der arme Andy. Jeff tat alles in seiner Macht, um nicht den kleinsten Fehler zu übersehen. Wir flogen für zwei Stunden. Ich saß hinten und genoss das ganze Prozedere. Jeff löcherte Andy mit Fragen und ließ sich alles erklären.

Nach der Landung besprach ich mich mit Jeff unter vier Augen. Sein Fazit sah folgendermaßen aus: Andys 340er ist ein gutes solides Flugzeug, an dem ein paar Arbeiten erledigt werden müssen. Die Avionik ist alt, aber das wuss-te ich bereits.

Der Preis belief sich auf 99 500 Dollar. Die wichtigsten Reparaturen, die durchgeführt werden mussten, waren die Überholung der Druckkabine und der Heizung. Schließlich wäre eine funktionierende Druckkabine schon etwas Feines, wenn die Luft oben dünn wird und auch eine wär-mende Heizung bringt einige Vorteile. Selbstverständlich waren auch noch ein paar kleinere Sachen zu erledigen, aber die waren nicht der Rede wert. Also machte ich ein Angebot über 70 000 Dollar. Natürlich nur inklusive reparierter Druckkabine. Die Heizung würde ich dafür auf meine Kosten reparieren lassen. Mir war klar geworden, dass die Heizung in den Cess-nas sowieso komplett neu installiert werden musste. Andy und Jeff schauten mich ungläubig an und dachten sich bestimmt: »Der spinnt, der Deutsche. Zu verschenken gibt es hier nichts.«

Aber ich hatte auch nichts zu verschenken und schließlich musste die »Old Lady« ja auch noch nach Deutschland überführt werden. Nach langen Verhandlungen einigten wir uns auf 87 000 Dollar. Andy sollte alle Kleinigkeiten inklusive der Druckkabine übernehmen und ich würde mich um die Heizung kümmern.

Wir gaben uns die Hand und waren im Geschäft. Das Geld war bereits beim Treuhänder hinterlegt und dieser wurde angewiesen, die Summe freizugeben.

Ich beauftragte Nick noch eine neue Annual Inspection durchzuführen. Also eine Jahresprüfung für das Flugzeug. Diese war zwar erst in drei Monaten fällig, aber ich wollte alles in Topform haben. Lieber früher als später. Nick erklärte mir, dass er zur Behebung der kleineren Beanstandungen und für die Annual Inspection ungefähr drei Monate benötigen wird. Ich war einverstanden. Das Gefühl danach war einfach unbeschreiblich. Ich konnte es kaum fassen: Ich hatte ein Flugzeug gekauft! Inzwischen war es schon spät und wir machten uns auf den Weg nach El Monte. Ich dankte Jeff und umarmte ihn herzlich. Er schaute mich nur etwas verwundert an. Auf dem Rückflug sagte Jeff bestimmt zehnmal zu mir:

»Max, guess what …? You bought an airplane!«

Der Rückflug war ziemlich unspektakulär. Ich fragte Jeff, ob ich nicht das Steuer übernehmen könnte und er eine Runde schlafen wolle. Er schaute mich nur verwundert an und meinte, dass er topfit sei. Ein bewundernswerter Kerl. In El Monte angekommen waren wir beide erledigt und glücklich. Wir gingen noch kurz etwas essen und dann ins Bett. Am nächsten Morgen lud ich Jeff zum Frühstück ein. Natürlich am Flughafen in El Monte. Ich fragte Jeff, ob er Interesse hätte, mit mir die Westküste in der N6MK unsicher zu machen. Jeff antwortet nur: »Hell yes!« Nach dem Frühstück musste ich mich aber zuerst um eine Versicherung für das Flugzeug kümmern. Ich hatte mir bereits einige Wochen zuvor alle Versicherungen aus dem Internet gezogen und bei ihnen angefragt. Jedoch hatte ich noch keine Antwort erhalten. Alle vertrösteten mich und meinten, dass ich mich erst nach Kauf des Flugzeugs melden solle. Nun hatte ich das Flugzeug und von 16 Versicherungsanbietern sprangen 16 ab. Alle Anbieter wollten auf einmal ein Anfangstraining. Davon wusste ich und ich hatte dieses Training ja bereits absolviert. Aber dass die Versicherungen auf einmal mindestens 500 Stunden Flugzeit mit der Cessna 340 wollten, war mir komplett neu. Ich rief Andy den Verkäufer an. Er kannte das Problem. Er meinte nur: »Fuck the insurance! Flieg einfach ohne Versicherung, bis du die erforderlichen Stunden nachweisen kannst.« Da ich aber selbstverständlich ein ordentlicher Deutscher bin, kam das für mich natürlich nicht infrage. Es musste einen anderen Weg geben. Da hatte ich eine zündende Idee: Wenn ich sowieso mit Jeff fliegen würde, könnten wir die Versicherung auf ihn abschließen und mich als zweiten Piloten eintragen. Jeff war einverstanden. Die Versicherung schrieb mir vor, 25 Stunden mit Jeff zu fliegen, zehn Stunden alleine sowie das besagte Anfangstraining zu absolvieren, das ich ja bereits in der Tasche hatte. Schließlich hatte ich ein Flugzeug und die Versicherung auch. Was konnte jetzt noch schiefgehen? Anscheinend eine ganze Menge! Wenn ich das nur geahnt hätte. Ich verabschiedete mich sehr innig von Jeff und fuhr mit einem Taxi zum Flughafen, um meinen Rückflug nach Deutschland anzutreten.

In Deutschland angekommen war ich überglücklich und noch ganz erfüllt von meinen Erlebnissen, doch der Alltag hatte mich schnell wieder. Ich musste auf dem schnellsten Weg ins Büro, um die Versäumnisse aufzuholen. Im Winter 2018 war es in ganz Deutschland relativ kalt. Bis Anfang April gab es immer wieder Schnee, sodass wir im Baugewerbe nur reduziert arbeiten konnten. Die gewerblichen Mitarbeiter blieben aufgrund des Wetters zuhause. Doch die Bürokratie lief weiter wie bisher und ich hatte einiges zu tun. Doch in Gedanken war ich viel bei meinem Flugzeug, ich bekam es einfach nicht aus dem Kopf. Mit Jeff und dem Mechaniker Nick telefonierte ich mehrmals in der Woche. Meine Freundin Iris war irgendwann ganz schön genervt, obwohl sie sehr großes Verständnis hatte. Teilweise musste ich zu den unmöglichsten Uhrzeiten aufstehen, um meine Telefonate in die USA zu führen. Dies war aber aufgrund der Zeitverschiebung einfach nötig.

Parallel zur Arbeit und meinem Traum habe ich noch eine Tochter, die in der ganzen Situation nicht zu kurz kommen darf. Ich bin froh, dass der Spagat zwischen den Welten sehr gut geklappt hat. Ich muss auch Iris sehr danken, die mich wirklich unterstützt hat. Meine Tochter Annie liebt Iris abgöttisch und ich bin froh, dass es hier zu keinen Konflikten in unsere Patchwork-Family kommt. Iris hat Annie sogar ein Pony gekauft und so bin ich manchmal gleich beide Diven los, wenn sie ihrem vierbeinigen Hobby nachgehen. Meine Iris ist einfach verrückt nach Pferden. Nach Spring-

pferden, damit das gleich klargestellt ist. Sie war mal eine der besten Spring-
reiterinnen in Bayern. Früher habe ich immer Rennpferde statt Springpferde
gesagt, irgendwie war Iris da nicht so amüsiert. Aber rennen diese Springpferde nicht auch zwischen den Hindernissen? Ist ja eigentlich auch egal.
Irre sind diese Reiter eh alle. Ob die das von Fliegern wohl auch behaupten?
Wir lernten uns beide auf einem Partyboot auf dem Mittelmeer kennen,
dann schätzen und schließlich lieben. Aber das ist eine andere Story. Hier
geht es ja nicht um Iris und mich, sondern um den Traum einer Atlantiküberquerung mit dem eigenen Flugzeug.

Bis Ende März sollte die jährliche Inspektion oder wie ich sie nenne die
»Annual Inspection« erledigt sein. Das war unser Plan. Aber leider tauchten
immer noch ein paar kleinere Probleme auf, die vorher unbedingt behoben
werden mussten. Der Transponder machte Zicken. Er überträgt die Position
an den Fluglotsen und ist somit ein unentbehrliches Instrument. Meine
Cessna hat sogar zwei Transponder, aber leider funktionierten beide nicht.
Sie mussten dringend repariert werden. Da das Flugzeug »sold as seen« verkauft wurde, blieben die Kosten an mir hängen. In den nächsten Monaten
sollten es noch mehr werden. Ende März war mein Termin gesetzt. Ich flog
in die USA und holte mein Flugzeug ab. Die Annual Inspection, versicherte
mir Nick, werde bis dahin erledigt sein. Aber wohin sollte ich das Flugzeug
stellen? Eine Überquerung im März war aufgrund des Wetters und meiner
mangelnden Erfahrung ausgeschlossen. Ich hatte meinem guten Freund
Yura von meinem Vorhaben erzählt, und wie Yura eben ist, fragte er:
    »Cool Max, can I fly with you a little bit?«
    »Sure Yura.«
Und so kam Yura mit ins Boot, äh Flugzeug meine ich natürlich.

MEIN FREUND YURA

Wir gehen ein Stück in der Geschichte zurück, damit ich euch erzählen kann,
wie ich den unvergleichlichen Yura kennenlernte. Ich hatte in den USA
studiert. Genauer gesagt im schönen Städtchen San Diego. Da mein Vater
auch Pilot war, meinte er damals zu mir, ich solle mir das mit dem Fliegen
doch anschauen und auch gleich meine Pilotenlizenz machen. Ich erkundigte mich nach einer Flugschule und fand eine in der Nähe. Ich machte

einen Probeflug. Ehrlich gesagt war ich nicht gleich Feuer und Flamme. Aber mein Vater sagte: »Wenn Du möchtest, bezahle ich dir deinen Flugschein.« Dieses Angebot konnte ich natürlich nicht ausschlagen. Also fing ich an, für meine Pilotenlizenz zu lernen. Ich muss sagen, das Lernen fällt mir schwer. Ich muss mehr lernen wie andere. Iris zum Beispiel lernt sehr schnell und behält sich viel. Ich bin der Mensch, der sich alles aufschreiben und immer wieder wiederholen muss.

Das Fliegen zu lernen hat auch ein wenig länger gedauert als bei anderen. Also ich benötigte 75 Flugstunden statt den 60 vorgesehenen. Ich absolvierte ein Programm mit Zwischenprüfungen nach Part141. Es handelt sich hierbei um ein spezielles Programm, das von der amerikanischen Luftfahrtbehörde geprüft wird und mit Cessna und King Schools entwickelt wurde. Im Endeffekt ist das die neue Version von Home Study. Man bekommt DVDs mit nach Hause und schaut sich diese an. Danach folgt ein Test, erst dann beginnt der praktische Teil: das Fliegen.

Nach ungefähr vier Monaten, zwischen Doktorandenstudium und meiner Arbeit für die amerikanische Regierung, hatte ich endlich meine Lizenz in der Hand. Ich durfte mich Privatpilot nennen. Das hörte sich auf jeden Fall schon einmal gut an. Aber alleine fliegen? Nein, ich hatte schon zu zweit im Cockpit erhebliche Angst und war mir nicht sicher, ob ich mich trauen würde, alleine am Steuer zu sitzen. In Kalifornien gibt es den Marine Layer. Das ist eine dünne Wolkenschicht, in der es normalerweise kein Eis gibt. Darüber treibt die Sonne ihr Unwesen. Wenn man Pech hat, wird durch feinen Nebel und Wassertropfen die komplette Sicht vernebelt. Diese Schicht hinderte mich meistens daran, zu fliegen. Wie konnte ich das nun umgehen? Pilot zu sein, ohne zu fliegen, war ja auch relativ sinnlos. Ich musste meine Instrumentenflugberechtigung machen. Hier würde ich lernen, mein Flugzeug, ohne äußere visuelle Anhaltspunkte zu steuern. Ausschließlich mithilfe der Instrumente an Bord und der Fluglotsen am Boden. Wenn ich das konnte, würde ich es auch mit dem Marine Layer aufnehmen. Also meldete ich mich erneut in der Flugschule an. Ich bekam die Unterlagen und wieder unzählige Videos. In den USA kennt jeder Pilot John und Martha King. Den beiden gehört das gleichnamige Unternehmen »King Schools«, das die Videos erstellt und vertreibt. Auf jedem Video, und ich meine wirklich auf jedem Video, sind sie zu sehen. John geht ja noch, aber Martha King hat die erschreckendste Dauerwelle, die es gibt. Der Friseur müsste bei einer Klage

Unsummen an Schmerzensgeld zahlen. Für die Anmeldung muss man circa 35 Stunden Videomaterial konsumieren. Aber das ist noch nicht alles: Die Instrumentenflugberechtigung besteht insgesamt aus 45 Stunden Unterrichtsmaterial. Ich fühlte mich wie in einem schlechten Film und starrte tagtäglich mehrere Stunden auf Marthas Dauerwelle. Aber da muss man durch.

Nachdem die Anmeldung von der Luftfahrtbehörde genehmigt worden war, konnte es losgehen. Len, der Eigentümer der Flugschule, stellte mich meinem neuen Fluglehrer vor. Darf ich vorstellen: Das ist Yura. Yura kommt aus Oregon. Seine Ausbildung machte er am lokalen Flughafen in Grants Pass, Oregon. Diesen lernte ich später auch noch sehr gut kennen. Dort absolvierte er mehrere Ausbildungen, von der PPL bis hin zum Fluglehrer. Wenn man zu dieser Zeit für große Fluglinien wie United, American oder Delta arbeiten wollte, benötigte man ungefähr 1500 Stunden Gesamtflugzeit. 200 davon in einem zweimotorigen Flugzeug. Wer jetzt meint, das ist wenig, der sollte mal genau nachdenken. Wenn man jede Woche 40 Stunden fliegen würde, ohne Feiertage und Urlaub, würde man auf eine Jahresflugzeit von 1920 Stunden kommen. Um für die Fluglinien überhaupt zum Gespräch eingeladen zu werden, benötigt man die 1500 Mindeststunden. Noch dazu besteht der Arbeitstag eines Fluglehrers hauptsächlich aus Theorie. Die meisten Flugschüler haben natürlich keine Lust auf theoretischen Unterricht, aber das ist nun mal der Hauptteil der Ausbildung.

Zurück zu Yura. Er benötigte Flugstunden und das in rauen Mengen. Während dieser Zeit war es schwer in den USA einen Job als Fluglehrer zu finden, da die Wirtschaft schwächelte. Yura aber hatte sich das Ziel gesetzt, Pilot zu werden. Komme, was wolle.

In Grants Pass fand er keine Anstellung. So packte er kurzerhand ein paar Sachen ins Auto, fuhr die Küste entlang, hielt an jeder Flugschule und gab seinen Lebenslauf ab. Das machte er zwei Tage lang, bis er endlich nach ungefähr 1400 Kilometern in San Diego zufällig einen Job bekam. Ich fragte Yura mal, was gewesen wäre, wenn er keinen Job an der Westküste bekommen hätte. Er meinte nur, dann hätte er eben die Ostküste abgeklappert. Das war Yura. Yuras Eltern kommen ursprünglich aus der Ukraine. Yura war 12 Jahre alt, als sie nach Amerika auswanderten. Er hat sich sehr gut in die amerikanische Mentalität hineingefunden. Yura und ich wurden gute Freunde. Wir verstanden uns auf Anhieb fantastisch. Yura verbrachte fast jede Nacht bei mir auf dem Sofa. Abends zogen wir um die Häuser. Wenn ich morgens arbeiten ging, fuhr Yura zum Flughafen. Bei Yura habe ich meine Instrumentenflugberechtigung und meine Commercial Pilot Lizenz erworben. Da Yura keine Lehrberechtigung für zweimotorige Flugzeuge besaß, musste ich diese Lizenz mit einem anderen Fluglehrer machen. Nicht einfach mit irgendeinem anderen, sondern mit dem Head-of-Flight-Trainer. Sein Name war Shane. Shane sah aus wie der eine von »Dumm und Dümmer«. Er hatte eine Dauerwelle und wusste alles besser. Ich ließ die Sprüche und altklugen Weisheiten über mich ergehen, bis er mich zum Checkflug mit dem Prüfer frei gab. In diesem Kapitel geht es aber um Yura und nicht um Shane. Yura und ich sind sehr viel gemeinsam geflogen und waren ständig unterwegs. Yura war der beste Fluglehrer, den ich mir wünschen konnte. Er versuchte, mich auf alles vorzubereiten. Zum Beispiel machte er die Sicherungen heimlich aus und ich musste den Fehler finden. Beim Anfliegen schaltete er einmal den Motor aus und wir befanden uns plötzlich in einem Segelflugzeug. Ob diese Art des Lernens für andere gut gewesen wäre, wage ich zu bezweifeln. Für mich war es das. Einmal übten wir Spins. Zu dieser Übung wollte unbedingt ein anderer Flugschüler mitkommen. Wir warnten ihn vor, doch er beteuerte, es würde ihm nichts ausmachen. Nach dem Flug beschwerte er sich bei der Flugschule über uns und kam nie wieder dorthin. Yura und ich waren wie ein altes Ehepaar. Egal wie sehr ich mich anstrengte, Yura war nie zufrieden. Er wollte immer 100 Prozent und nicht 98 Prozent. Nach jedem Trainingsflug bestimmten wir anhand von Wetten, wer das abendliche Bier bezahlen würde. Eine beliebte Wette war, wer die schönste Landung ohne Motor hinbekam, oder wie oft man auf einer Landebahn landen konnte und dann wieder auf 50 Fuß steigen, nur um dann wieder zu landen. Zu unserer Entlastung muss man sagen, dass die Landebahnen in den USA mehr als doppelt so lang sind wie in Europa. Aber nichtsdestotrotz waren manche unserer Aktionen waghalsig und schlichtweg dumm.

Nachdem ich nach Deutschland zurückgekehrt war, blieben Yura und ich in Kontakt. Yura lernte jemanden kennen und wanderte auf die Philippinen aus. Nachdem die Beziehung nicht anhielt, benschloss er, bei einem Cargo-Unternehmen anzufangen. In zweimotorigen Flugzeugen flog er Pakete an der Ostküste aus. Danach zog er in die Ukraine und flog Jets für Oligarchen. Nachdem diese ihn nur in bar bezahlt hatten und er in irgendwelche muslimischen Kriegsgebiete fliegen musste, wurde Yura klar, dass das weder Hand noch Fuß hatte. Danach flog er den ukrainischen Präsidenten und dessen

Freunde, wie zum Beispiel die Klitschko-Brüder. Irgendwann wurde ein amerikanischer Head Hunter auf Yura aufmerksam. Der suchte einen Co-Piloten für eine Boeing 767. Das konnte Yura nicht ausschlagen und seitdem fliegt er US-Militär aus Kriegsgebieten über verschiedene US-Militär-Basen nach Hause.

Yura liebt diesen Job. Einmal im Jahr sehe ich meinen Freund. Ein kurzer Anruf:

»Hey Max, wanna hang out? I am off for a week.«

»Okay Yura, no problem. When do you want to come?«

»Ah, I am in Frankfurt, can you pick me up?«

Das ist Yura. Dann sehen wir uns mal ein Jahr wieder nicht und schreiben hin und her. Yura ist ein Freigeist. Er ist die Art von Freund, mit dem man nicht jeden Tag telefonieren muss, um gute befreundet zu bleiben. Das schätzt Yura an mir und ich an ihm. Nun kennt ihr die Geschichte, wie ich Yura kennenlernte. Bald würden wir gemeinsam zwölftausend Kilometer im Cockpit verbringen, aber dazu später mehr!

»GUESS WHAT, YOU BOUGHT AN AIRPLANE!«

Ende März 2018 bin ich in Los Angeles gelandet und direkt zu Jeff gefahren. Der war in seinem Büro und begrüßte mich mit den Worten:

»Hey Max, guess what …, you bought an Airplane!«

Ich umarmte ihn und wir aßen meine mitgebrachten Donuts. Die waren inzwischen zum Ritual geworden. Ich sagte ihm, dass ich am nächsten Tag einen Flug für uns beide nach San Francisco buchen würde und wir uns dann ein Auto nehmen würden, um mein Flugzeug in Auburn abzuholen. Jeff sah mich ganz verwundert mit Donutkrümeln im Mundwinkel an und sagte:

»Max we are flying. Bob is flying us up there.«

Der gute alte Bob. Er meinte, ich solle ihm nur das Spritgeld geben und ihn zum Frühstück einladen. Das geht klar, meinte ich. Leider hatte ich einen enormen Jetlag, was sicher an meiner Nervosität lag. Ich verbrachte eine erholsame Nacht in meinem asiatischen Lieblingshotel. Am nächsten Morgen ging die Reise los. Ich hatte schon voller Vorfreude auf dem Rücksitz des Flugzeuges Platz genommen, da meinte Bob, es würde noch etwas dauern mit dem Abflug. Ich fragte genauer nach. Bob erklärte, wir müssten auf einen weiteren Passagier warten, der beim Rückflug dabei sein würde. Bob durfte ja aufgrund seiner Gesundheit nicht mehr alleine fliegen. Kein Problem, wir hatten ja Zeit. Nachdem alle Insassen da waren und Platz genommen hatten, konnte die Reise nach Auburn beginnen. Ich war voller Vorfreude auf meine Cessna 340.

Bob hat auf dem Pilotensitz Platz genommen, Jeff war Co-Pilot und ich saß hinten rechts neben unserem neuen Kumpan von ungefähr 75 Jahren. Ebenfalls ein sehr netter Kerl. Die Rentnerbande und ich hatten einen Riesenspaß, wir machten Witze und philosophierten. Ich drückte mit meinen damals 37 Jahren den Altersdurchschnitt erheblich. Die ganze Gang, mich eingeschlossen, hatte eine tolle Zeit im Flugzeug. Alle drei waren bekennende Anhänger der Republikaner. Sie fluchten über die Demokraten und erzählten mir, was sie alles ändern würden. Ich bewunderte die unbändige Lebensfreude dieser alten Herren und ihre zuvorkommende Art. Der Flug verlief unspektakulär, wir flogen circa 30 Minuten lang durch dichte Wolken. Und Bob meisterte alles souverän.

Mit der Rentnerbande in Bobs Flugzeug

EIN LANGGEHEGTER TRAUM

Bob legte eine ordentliche Landung hin und wir rollten zum Hangar wo wir »The Old Lady« in Empfang nehmen sollten. Wir stiegen aus und begrüßten Nick. Nach kurzer Vorstellungsrunde ging es ans Eingemachte. Wieder alle Papiere und Instandhaltungsprotokolle, die sogenannten Maintenance Logs durchgehen. Danach die Sichtprüfung. Alle drei Herrschaften halfen mir mit den ganzen Unterlagen und der Überprüfung. Ein tolles Team. Nach ungefähr drei Stunden hatten wir das Thema abgeschlossen. Die Druckkabine konnte Nick nicht testen, ansonsten versprach er uns, dass alles einwandfrei funktionieren würde. Er überprüfte das Flugzeug auf mögliche Lecks und versicherte, dass nichts undicht wäre. Er meinte sogar, dass die Druckkabine funktionieren würde und wir diese falsch bedient hätten. Ich hatte bereits neue Sauerstoffmasken an Nicks Adresse bestellt. Also im Worst Case hatten wir immerhin Sauerstoffmasken dabei. Danach wollte ich alle noch zum Essen einladen, aber Bob wollte heimfliegen. Er hatte Angst, dass schlechtes Wetter aufziehen würde und ein Heimflug nicht mehr möglich wäre. Vor lauter Eile vergaß Bob auf die Toilette zu gehen und flog zurück. Wer selbst einmal geflogen ist, weiß, wie unangenehm das ist!

Jeff und ich brachen sofort zu einem Testflug mit der Cessna auf. Die alte Lady flog super. Wir konnten jedoch nicht genug Höhe gewinnen, um die Druckkabine zu testen. Doch die 44 Jahre alte Technik funktionierte wunderbar.

Also landeten wir schließlich und verabschiedeten uns von Nick. Auf nach Southern California mit meinem Flugzeug. Ich war stolz wie Oskar. Ein geiles Teil diese 340er.

Der Rückflug nach Kalifornien war in Ordnung, doch die Druckkabine funktionierte tatsächlich nicht richtig. Wir flogen auf 17 000 Fuß und hatten einen Kabinendruck von 9500 Fuß. Normal wäre bei dieser Höhe ein Druck von 6000 Fuß. Doch wir waren nach wie vor der Auffassung, wir bedienten das Teil falsch. Auf dem Heimflug war das Wetter erstaunlich gut und wir flogen fast nur nach Sicht. Auf dem Rückweg wollten wir noch in Santa Barbara anhalten und eine Kleinigkeit essen. Wir flogen unseren ersten Anflug in der Cessna. Das Essen schmeckte erstaunlich gut mit der Aussicht auf die schöne alte Dame. Ich war einfach nur überglücklich. Nachdem wir noch ein paar Platzrunden in Santa Barbara gedreht hatten, sind wir wieder in Richtung El Monte aufgebrochen.

Als wir auf unserem neuen Heimatflughafen ankamen, stellten wir die Cessna auf dem Allgemeinparkplatz ab. Am nächsten Morgen hatten wir einen Termin beim Flughafenmanager wegen eines Hangars. Jetzt wo ich die Cessna bei mir hatte, schlief ich noch besser als zuvor. Tags darauf besuchten wir gegen neun Uhr den Flughafenmanager. Er wies mir einen Hangar zu und Jeff bürgte für mich. Kurz nachdem ich gehen wollte, fragte er mich, ob ich mit dem Auto zum Hangar fahren möchte. Natürlich wollte ich das. Aber was dann kam, hatte ich nicht erwartet. Der Flughafenmanager erklärte mir, dass ich einen Test bestehen musste, bevor ich am Flughafen fahren durfte. Er gab mir einen Bogen mit 30 Fragen in die Hand. Ich las den Test durch und dachte mir nur: Wie soll ich den bestehen? Der Test bestand aus Fragen wie: Wie viel Abstand muss man mit dem Auto zu einem Flugzeug einhalten. Das Ganze war nicht einmal Multiple Choice. Dann lachten der Flughafenmanager und Jeff mich aus. Ich denke, beide sahen an meinem Blick, dass ich mit dem Test überfordert war. Da drückte mir der durchaus sympathisch wirkende Manager ein Buch in die Hand: »Da stehen die Antworten drinnen. Suche sie dir raus.«

Sichtlich erleichtert bestand ich den Test auf Anhieb beim ersten Mal. Wieder kam ich einen weiteren Schritt näher an mein Ziel heran. Ich war nun fünf Stunden in meinem eigenen Flugzeug geflogen. 20 Stunden fehlten mir noch, dann durfte ich alleine fliegen und war ausreichend versichert. Wir holten die 340 aus dem Hangar und quälten die arme Lady an diesem Tag ein wenig. Es hatte über 30 Grad Celsius. Zum Tanken flogen wir nach Chino. Jeff meinte, der Treibstoff wäre dort viel günstiger und bei 600 Litern machte das einiges aus. Zudem muss man die Tankstelle Flying Tigers in Chino gesehen haben. An der Tankstelle arbeiten nur Frauen, die die Flugzeuge betanken und das Gebäude sieht aus wie ein Salon aus dem Wilden Westen. In ganz Los Angeles sind die Spritpreise dort am günstigsten. Nach dem Tanken flogen wir nach San Diego. Auf dem Weg dorthin machten wir ein paar Übungen wie zum Beispiel Strömungsabriss. Dieser Strömungsabriss wurde von uns in allen Fluglagen bis zum Abwinken geübt. Danach Steilkurven aus allen möglichen Konfigurationen mit eingezogenem Fahrwerk und mit ausgefahrenem Fahrwerk. Mein Kopf schwirrte, doch das Fliegerglück strömte durch meine Adern.

In San Diego angekommen, trafen wir in Montgomery Field Amanda, eine alte Bekannte und Fluglotsin. Nachdem ich ihr mein Flugzeug gezeigt hatte, aßen wir zu Mittag. Danach ging es direkt weiter nach Big Bear. Amanda gab die Kennung des Flugzeuges N6MK an alle ihre Kollegen weiter. So wurden wir von jedem neuen Fluglotsen im südlichen Kalifornien persönlich begrüßt. Diese kleinen Dinge versüßen einem das Fliegen wirklich!

Big Bear ist ein Ski-Ort in der Nähe von Los Angeles. Es liegt östlich der Stadt in den Bergen. Nach ein paar Start- und Landeübungen flogen wir wieder zurück nach L.A. Nach fünfeinhalb Stunden im Flugzeug hatte ich nun nur mehr 14,5 Stunden Flugzeit mit Jeff zu absolvieren. Jeff und ich hatten sehr viel Spaß beim Fliegen. Wir redeten über alle Themen, die uns beide bewegten. Angefangen bei unseren Familien bis hin zur Arbeit und unseren Freunden. Am nächsten Tag ging es wieder nach Chino, um aufzutanken, dann flogen Jeff und ich nach Las Vegas, um einen Freund von Jeff zu treffen. Den ersten Instrumentenflug mit der alten Dame machten wir zum Flughafen Henderson in Las Vegas. Der Flughafen liegt östlich der Stadt. Das Schöne in den USA ist, dass es keine Landegebühren gibt. In Henderson war auch gerade der Jet von Britney Spears vor uns angekommen. Nach dem Essen ging der erste Nachtflug mit der 340er los. Von Las Vegas nach El Monte. Hier stellten wir schnell fest, dass die Innenbeleuchtung der alten Dame teilweise nicht besonders gut funktionierte. Angekommen in Los Angeles hatte ich wieder fünfeinhalb Stunden geschafft. Also waren es jetzt nur noch neun, bis ich offiziell alleine fliegen durfte. Ich kam meinem Ziel immer näher.

Am Abend ging ich direkt ins Bett und schlief auf der Stelle ein. Am nächsten Morgen musste ich früh aufstehen, denn um acht Uhr ging die Reise gleich weiter. Wir flogen nach Camarillo, ein sehr schönes Ausflugsziel. Hier soll es das beste Flughafen-Restaurant in Südkalifornien geben. Wir übten nur Anflüge. Danach flogen wir wieder zurück in den Großraum Los Angeles, vorbei am Hollywood Sign. Der Anflug auf Van Nuys, wo alle bekannten Schauspieler ihre privaten Flugzeuge parken, ist sehr anspruchsvoll. Der Flughafen ist enorm hektisch und sehr stark frequentiert. Hier gibt es auch ein paar Flugschulen, die dort zusätzlich noch ihr Unwesen treiben. Also eine gute Übung für mich und die alte Lady. Nach dem ganzen Übungstag mit allen möglichen Flugmanövern ging es wieder heim nach El Monte. Nach vier Stunden Flug waren wir zuhause. Noch viereinhalb Stunden und ich durfte alleine ohne Jeff fliegen. Ich kam der ganzen Sache stückchenweise immer näher. Nachdem wir in El Monte gelandet waren, beschloss ich, das Flugzeug zu pflegen. Ich polierte meine geliebte Cessna ungefähr vier Stunden lang. Danach strahlte die alte Lady, als ob sie gerade aus der Fabrik gekommen wäre.

Am nächsten Tag wollte ich meinen ältesten Freund in Amerika besuchen. Fred kenne ich bereits seit über 16 Jahren. Mittlerweile wohnt er in Phoenix, Arizona. Also beschlossen wir kurzerhand dorthin zu fliegen, um Fred einen Besuch abzustatten.

Da wir auf unseren vorherigen Flügen festgestellt hatten, dass die Druckkabine nicht richtig funktionierte, wollten wir das auf dem Flug nach Phoenix noch einmal genauer testen. Wir mussten herausfinden, wie hoch wir fliegen konnten, ohne die Höhenmeldung der Kabine auszulösen. Eine Fehlbedienung schlossen wir aus.

Fred ist ein richtig lässiger, gechillter Amerikaner. Er lebt mit seiner Freundin in Phoenix und ist Manager einer Autowerkstatt. Wir lernten uns im College kennen. Einfach ein richtig cooler Typ. Er half mir viel während meiner Anfangsjahre in San Diego. Nach dreieinhalb Stunden landeten wir in Phoenix. Fred war bereits da, um uns im Empfang zu nehmen. Nach einem leckeren mexikanischen Essen ohne Bier musste Fred leider wieder arbeiten. Wir beschlossen über den Grand Canyon und dann über den Las Vegas Strip zurückzufliegen. Der Grand Canyon ist unfassbar beeindruckend. Vor allem aus der Luft! Man fliegt über die Wüste und auf einmal reißt der Boden immer weiter auf, bis eine riesige Spalte entsteht. Die Flugregeln sind sehr pragmatisch in einer Karte dargelegt. Danach ging es in einem Nachtflug zurück. Einfach unglaublich den beleuchteten Las Vegas Strip bei Nacht zu sehen. Mann fliegt durch die dunkle Wüste und auf einmal tauchen die Lichter von Las Vegas auf. Da merkt man erst, wie weit die Millionenstadt von der restlichen Zivilisation entfernt ist. Nach diesem neunstündigen Flug hatte ich die Versicherungsanforderungen erfüllt und ich durfte das Flugzeug nun offiziell alleine fliegen.

In San Diego Gillespie Field hatte ich damals meinen Flugschein erworben. An diesem Ort hat ja alles angefangen. Deshalb wollte ich dort einmal mit meiner neuen Maschine hinfliegen. So machten Jeff und ich uns am nächsten Tag auf die Reise nach San Diego Gillespie Field. Auf dem Flug nach San Diego wurden wir wieder persönlich von den Fluglotsen gegrüßt. An diesen herzlichen Empfang konnte man sich wirklich gewöhnen. Nach einem Instrumentenanflug auf Gillespie Field durften wir auf der langen Piste 27 rechts landen. Nach der Landung sind wir direkt zum Abstellplatz gerollt.

Ich wollte meine alte Flugschule besuchen, um zu sehen, ob dort noch jemand war, den ich kannte. Doch leider begegnete ich niemandem. Die meisten Fluglehrer machen die Tätigkeit nur so lange, wie nötig. Im Klartext heißt das: Sobald sie die nötigen Stunden für ein Vorstellungsgespräch bei einer Fluglinie haben, sind sie sofort weg.

Ich lud Jeff zum Mittagessen ins Gillespie-Café direkt am Flughafen ein. Der Besuch der alten Flugschule ließ Erinnerungen in mir hochsteigen. Wie ich damals zum Beispiel zwei Freunde von mir überzeugte, ebenfalls einen Flugschein zu machen. Jedoch hatten beide den Schein nie erworben und den Kurs abgebrochen. Nach den Gründen habe ich nie gefragt.

Shane, der damalige recht unangenehme Chief-Flight-Instructor der Schule führte mit allen Beteiligten regelmäßig Flüge durch, um zu prüfen, wie sich Wissensstand und fliegerisches Können entwickelten. Menschlich wurde so keiner richtig warm mit ihm. Er war arrogant und ließ alle spüren, dass er besser als alle anderen fliegen konnte. Das ist ein übliches Phänomen in der Fliegerei. Shane hatte eine normale Brille und darüber eine aufgesteckte Sonnenbrille: Shane lebte einfach in seiner eigenen Welt. Auf jeden Fall war auch er nicht mehr an der Flugschule tätig. Ich blickte ausschließlich in neue Gesichter. Nach dem Mittagessen beschlossen wir, zurück in die Metropole Los Angeles zu fliegen. Auf dem Weg dorthin übten wir diverse Notfälle, wie zum Beispiel Druckverlust der Kabine. Mittlerweile war uns allerdings auch sonnenklar, dass die Druckkabine nicht richtig funktionieren konnte. Jeff kannte einen Shop in La Verne, den er mir schon beim letzten Besuch gezeigt hatte. Hier kommt die berüchtigte Dragon Lady wieder ins Spiel. Wir beschlossen, die nächsten Tage dorthin zu fliegen und mit ihr die Problematik der Druckkabine zu besprechen. Die nächsten Tage beschäftigten wir uns mit Instrumentenanflügen und Abflügen im Raum Los Angeles. Das war relativ unspektakulär, aber fliegerisch sehr anspruchsvoll. Ein paar Tage vor meinem Heimflug hatten wir am Bracket Airport einen Termin mit der Dragon Lady. Wir besprachen mit ihr die Probleme der Druckkabine und baten sie, eine Heizung für das Flugzeug zu bestellen. Natürlich sollte diese auch von der Werft eingebaut werden. Nachdem ich die Dragon Lady kennengelernt hatte, wusste ich, warum Jeff sie so nannte. Die Dame war unfassbar unfreundlich und hat es nicht einmal für nötig befunden, aufzustehen und sich das Flugzeug anzusehen. Sie war enorm unhöflich und ich wartete nur darauf, dass sie sich urplötzlich in einen feuerspuckenden Drachen verwandelte. Ich wollte von Jeff wissen, warum er gerade sie ausgewählt hatte, doch er meinte nur, dass dieser der beste Shop in ganz Kalifornien sei. Die Arbeit dort sei die beste weit und breit. Also vereinbarten wir einen Termin, um die alte Lady nach Bracket zu bringen. Der Plan war, dass Jeff das Flugzeug in die Werft fliegen würde, sobald diese Zeit hatte, daran zu arbeiten. Das hörte sich alles ganz plausibel an. Auf dem Rückflug erzählte mir Jeff, dass einige Kunden wegblieben und wahrscheinlich nicht mehr wiederkommen würden, seit die Dragon Lady dort arbeitete. Einige Mitarbeiter hatte der Drache wohl auch vergrault. Ich schenkte den Sprüchen erst einmal keine Beachtung und hoffte auf das Beste. Ich hatte noch zwei Tage Zeit, die alte Lady zu fliegen, bevor ich wieder zurück nach Deutschland musste.

Wir beschlossen, diese letzten Tage zu nutzen und nur kleinere Flughäfen mit Landebahnen von circa 800 Metern anzufliegen. Fast jeden kleinen Flughafen östlich von Los Angeles flogen wir an, egal wie kurz die Landebahn auch war. Ich wurde immer besser und fühlte mich zunehmend sicherer in meiner Cessna. Am letzten Flugtag übten wir noch mal alle Notfall-Prozeduren, vom Triebwerksausfall bis hin zum Nicht-Ausfahren des Fahrwerks. Am Vorabend meiner Abreise polierte ich die wunderschöne N6MK erneut und verabschiedete mich von ihr. Sie hatte gute Dienste geleistet. Am nächsten Morgen flog ich wieder zurück nach Frankfurt. Zurück in der Heimat musste ich endlich meine amerikanischen Lizenzen umschreiben. Ich meldete mich bei unserem lokalen Flugsportklub an und erhielt den Kontakt zu Claus, einem Fluglehrer. Claus war ein pensionierter Unternehmer und widmete seine Zeit ehrenamtlich dem Flugsportklub. Er flog den ganzen Tag kostenlos mit den Flugschülern. Ich bin ihm heute noch sehr dankbar, dass er auch mit mir zahlreiche Flüge unternahm. Parallel zur Arbeit, die mich schnell wieder gefangen nahm, blieb ich im steten Kontakt mit der Dragon Lady und Jeff. Das Flugzeug stand mittlerweile in der Flugzeugwerft in Bracket. Die Heizung war bestellt und ich dachte, dass an der Druckkabine gearbeitet wurde. Nur auf wenige E-Mails bekam ich eine Antwort. Dort hieß es, am Flugzeug werde gearbeitet, wenn sie Zeit dafür hätten. Jeff wusste auch nicht wirklich über das Flugzeug Bescheid. Er versuchte regelmäßig, den Stand der Reparatur zu erfahren, aber auch er bekam keine Auskunft. Das Ganze von Deutschland aus zu beobachten und nicht wirklich eingreifen zu können, war sehr frustrierend für mich. Ich fühlte mich von der Werft über den Tisch gezogen. Weder wusste ich, was an meiner Lady tatsächlich repariert wurde, noch wurde mir gesagt, wann die Reparaturen beendet sein würden. So konnte es nicht weitergehen. Ich fragte meinen Freund Yura, ob er jemanden kenne, bei dem das Flugzeug sicher aufgehoben wäre. Er empfahl mir eine lokale Flugzeugwerft in Oregon und stellte gleich einen Kontakt her. Die Flugzeugwerft wurde von Dave geleitet. Sofort gründeten wir eine WhatsApp-Gruppe, in der beschlossen wurde, das Flugzeug zu Dave zu fliegen.

JUNGGESELLENABSCHIED IN LAS VEGAS

Die Gelegenheit ergab sich schneller, als ich dachte. Wie der Zufall will, heiratete Axel einer meiner besten und langjährigen Freunde und ich war Trauzeuge. Somit war es meine Aufgabe, den Junggesellenabschied zu organisieren. Natürlich gibt es nur einen Ort dies standesgemäß zu feiern: Las Vegas. Ich wollte Axel nicht mit einem Hasenkostüm in München Kondome verkaufen lassen, also mussten wir nach Las Vegas. Axel durfte nichts davon wissen. Wir schickten ihm eine Gutscheinkarte für ein Bear-Grylls-Überlebenscamp. Bei einem Bear Grylls wird man alleine in der Wildnis ausgesetzt und muss eine Woche lang überleben, mit nichts als einem Messer. Man kann dort allerdings auch Camps buchen, bei denen einem erst mal gezeigt wird, wie man in der Wildnis überhaupt überlebt. Aber für uns war es ja nur ein Ablenkungsmanöver. Also schickten wir Axel einen Gutschein von dem Camp mit dem Hinweis, warme Sachen inklusive Gummistiefel mitzunehmen. Ich flog mit drei weiteren Freunden einen Tag früher in die USA damit wir die restliche Crew, die Axel mitbrachte, am Flughafen abholen konnten. Wir besorgten den Mietwagen, einen Suburban, das größte Auto, das der Autovermieter zu bieten hatte. Danach checkten wir in ein von mir vorher reserviertes Hotel ein. Wir hatten eine gemeinsame Kasse, in die jeder einbezahlt hatte. Aus diesem Grund wollten wir nicht so viel Geld für das Hotel in Los Angeles ausgeben. Also sind wir in eines meiner Hotels in East Los Angeles gefahren, in dem ich immer übernachtete. Schon beim Einchecken weigerten sich zwei Freunde, dort zu schlafen. Sie hatten Angst bekommen, nachdem sie auf der Straße von ein paar Drogenabhängigen angesprochen worden waren und diese ihnen erzählt hatten, wie gefährlich es hier sei. Mir war das egal. Das Hotel war bezahlt, also schliefen ein Kumpel und ich dort. Die anderen beiden suchten sich ein anderes Hotel, das dreimal so teuer war.

Die Nacht verlief wie erwartet ruhig. Am nächsten Morgen fuhren wir zu Walmart, um für die ganze Bande Hawaii-Shirts zu kaufen. Nach einem Abstauber am Strand von Los Angeles versackte einer der vier Jungs in einer Bar und wir mussten ihn betrunken wieder herausholen, da unser Bachelor gleich landen würde. So standen wir am Flughafen wie ein paar Touristen und warteten auf Axel und die anderen. Als Axel uns erkannte, war die Freude groß. Nach der Begrüßung ging es direkt ins Auto und ab nach Las Vegas. Nach einer lustigen Fahrt voller Vorfreude erreichten wir die Stadt. Eine Gruppe setzte sich nach ein paar Drinks ab. Die anderen, inklusive des Bräutigams, machten Las Vegas unsicher. Als die erste Gruppe heimkam, waren wir, die zweite Gruppe, wieder topfit. Wir übernahmen den Bräutigam und zogen los. So ging das Ganze zwei Tage. Nach zwei Tagen, in denen der Bräutigam keine Stunde geschlafen hatte, hatten wir ihn endlich außer Gefecht gesetzt. Er schlief seelenruhig im MGM-Hotel ein, bis Security-Leute uns höflich baten, das Hotel zu verlassen.

Unser zweites Ziel war San Diego. Dort hatten wir alle zusammen ein Haus gemietet. Wir arrangierten das Haus ein wenig um, sodass es unseren Bedürfnissen entsprach.

Sprich, wir trugen die Sofas in den Garten und bauten dort unser Wohnzimmer auf. San Diego hat das tollste Wetter, das man sich nur vorstellen kann. Also war das kein Problem und wir konnten das Wohnzimmer sogar kurzerhand zum Schlafzimmer umfunktionieren. Die Abstellkammer wurde ausgeräumt und schon hatten wir zwei weitere Schlafzimmer. Nachts haben wir in unserem neuen »Outdoor-Wohnzimmer« gefeiert. Es war fantastisch: Ein geiles Haus am Strand, umgeben von guten Freunden. Ich konnte mir nichts Schöneres vorstellen. Fränki und Michael waren die Frühstücks-Jungs. Sie kümmerten sich vorzüglich um das morgendliche Mahl. Marco unser Bodybuilder war der, der wie soll man sagen, den Jetlag nie richtig verkraftet hat. Aber auch das war OK. Eine geile Truppe. Wir hatten einen »Blast«, wie die Amerikaner sagen würden.

Gleichzeitig war ich im ständigen Kontakt mit Yura wegen des Flugzeuges. Ich war so unzufrieden mit der Art und Weise, wie ich behandelt wurde und dem Verlauf der Flugzeugreparatur. Gott sei Dank wusste ich, dass ich mein Flugzeug zu Dave nach Grants Pass bringen konnte. Doch vorher musste ich mich mit der Dragon Lady auseinandersetzen. Nachdem ich in San Diego endlich eine Antwort auf eine meiner 20 E-Mails bekommen hatte, war ich erschüttert. Die Dragon Lady schrieb mir, dass sie nicht einmal richtig mit der Flugzeugreparatur begonnen hatte. Ich traute meinen Ohren nicht. Ich wollte doch das Flugzeug noch im selben Jahr über den Teich fliegen. Abgesehen von der schlechten Nachricht schrieb die Dragon Lady auch sehr unfreundlich. Es waren sechs Monate vergangen, nichts war passiert. Es reichte mir. Ich antwortete ihr, dass ich das Flugzeug abholen würde. Wir hatten zwar geplant, die letzte Nacht in Los Angeles zu bleiben und noch einen Abend zu feiern. Doch alle meine Freunde wussten über mein Vorhaben Bescheid und meinten, ich solle sofort das Flugzeug dort wegholen. Ich alarmierte Yura und erklärte ihm, dass ich die Cessna in den nächsten Tagen nach Oregon fliegen würde. Gesagt getan. Auf dem Weg von San Diego nach Los Angeles fuhren wir zum Bracket Airport. Die Dragon Lady war unbeeindruckt. Sie verlangte das Geld für die Heizung, die nicht eingebaut war. Ein Versuch, die Druckkabine zu reparieren wurde zwar unternommen, doch auch dieser schlug fehl. Das Einzige, was in den letzten sechs Monaten erfolgreich durchgeführt wurde, war ein Reifenwechsel. Ich sagte der Dragon Lady eindeutig meine Meinung. Doch sie blieb nach wie vor gänzlich unbeeindruckt.

Ich gab den Jungs die Adresse meines Hangars in Los Angeles und wir trafen uns dort. Ich flog die Cessna zurück nach L.A. und die Jungs fuhren mit dem Auto hinterher.

Gemeinsam räumten wir den Hangar aus. Mein Plan war, nach Grants Pass zu fliegen und abends die letzte Maschine wieder zurück nach L.A. zu nehmen. Am darauffolgenden Tag mussten wir wieder zurück nach Deutschland. Die Jungs hatten mittlerweile ein sehr nobles und teures Hotel in Los Angeles Downtown gebucht. Ich machte meine Flugplanung und flog in vier Stunden nach Grants Pass.

Nach meiner Ankunft wurde ich herzlich von Dave begrüßt. Dave ist ein netter, lachender Mittvierziger. Ihm gehört der Shop »Pacific Aviation Northwest«. Er wurde mein neuer Ansprechpartner für die Reparaturen. Nach der Landung besprachen wir alle Punkte, die bis zum nächsten Besuch erledigt werden sollten. Nachdem alle Details besprochen waren, wurde ich wieder zum Flughafen Medford gefahren. Von dort flog ich zurück nach L.A. Um 22:20 Uhr kam ich dort an und fuhr sofort per Uber ins Hotel. Doch was sah ich da? Alle schliefen tief und fest. Sie waren erledigt. Aber ich war bereit – ein paar Bier hatten noch Platz. Ich versuchte, die Bande zu mobilisieren, doch ich konnte nur Max von meinem Vorhaben überzeugen. Also gingen wir aus. Der Viper Room war angesagt. Alle Barbesucher waren Musiker und einer besser als der andere! Nachdem es Max und ich auch ins Bett geschafft hatten, klingelte kurz darauf der Wecker und wir mussten zum Flughafen. Back to Germany. Einfach ein toller Junggesellenabschied und ich hatte endlich jemanden gefunden, der sich meinem Flugzeug annehmen würde.

Die Jungs und ich vor der Cessna 340

BACK IN GERMANY

Nachdem Yura und ich beschlossen hatten, den Weg über den Atlantik gemeinsam zu bestreiten, wurde schnell klar, dass das Zeitfenster für die Überquerung immer kleiner wurde. Aus diesem Grund trafen wir die Entscheidung, das Flugzeug erst im darauffolgenden Jahr also 2019 nach Deutschland zu fliegen. Das war eine gute Entscheidung. David nahm sich den Problemen des Flugzeuges an und war jederzeit gut erreichbar. Er war freundlich und hilfsbereit. Der Plan war die Avionik auf den neusten Stand zu bringen. Das heißt, ein funktionierendes GPS einzubauen sowie Funkgeräte zu installieren, die auch in Deutschland funktionierten. 2020 wird ein Gesetz in den USA verabschiedet, das das Fliegen sicherer machen soll. Damit verbunden ist eine Umrüstung der Transponder. Dieser sendet ein Signal aus, das die Fluglotsen empfangen. So erhalten sie genauere Daten über das Flugzeug. Auf der anderen Seite werden Piloten über Daten anderer Flugzeuge informiert, die sich in der näheren Umgebung befinden. So hat man den ganzen Flugverkehr ab 2020 auf dem Radar im Cockpit, leider aber nur in den USA. Nach dem Upgrade ging es an die kleineren Probleme, auf die ich hier nicht näher eingehe, um Zeit zu sparen. Die Hauptprobleme waren ja die fehlende Heizung und die Druckkabine. Diese sollten auch schnellstmöglich behoben werden. Dann würde ich das Flugzeug noch ein wenig durch die USA fliegen und überprüfen, ob alles funktioniert.

In Deutschland flog ich ebenfalls ab und zu und begann damit, meinen Pilotenschein umzuschreiben. Eine amerikanische Commercial-Pilot-Lizenz in Deutschland umzuschreiben ist fast unmöglich. Im Klartext heißt das, man muss die Lizenz neu erwerben. Da mir in Deutschland eine Privatpilotlizenz mit Instrumentenflugberechtigung jedoch ausreicht, entschloss ich mich, diese umzuschreiben. Erst musste der ganze Papierkram erledigt werden: So musste ich Ratings, Logbücher und diverse Anträge nach Stuttgart schicken. Für die Umschreibung des Privatpilotenscheines ist die Luftfahrtbehörde des jeweiligen Bundeslandes, indem man wohnt, zuständig. Also in meinem Fall Stuttgart.

Ich musste noch ein deutsches Medical machen, danach ein Führungszeugnis beantragen und eine Zuverlässigkeitsprüfung vorweisen. Eine Zuverlässigkeitsprüfung? Das haben sich unsere deutschen Behörden ausgedacht, weil wir nicht schon genug Regeln und Bürokratie haben. Was da genau geprüft wird, weiß ich leider nicht. Aber da ich selbstständig bin, konnte ich den Antrag selbst unterschreiben und ausfüllen. Diesen Antrag gibt es natürlich nur in Deutschland. Danach noch eine Verkehrsauskunft und es konnte losgehen. Ich musste in zwei Theoriefächern eine Prüfung schreiben, die anderen Fächer wurden anerkannt. Menschliches Leistungs-vermögen und Luftrecht. Das musste ich mir nun zu Gemüte führen. Ich kaufte mir die Theoriesoftware für das iPad und begann zu lernen. Immer wenn ich zwischendurch Zeit hatte, arbeitete ich die Fragen durch. Irgend-wann meldete ich mich für die Theorieprüfung an und bestand die beiden Prüfungen auf Anhieb mit 100 Prozent. Guter Tipp: Einfach auswendig lernen.

DIE VORBEREITUNG BEGINNT

DAS ÜBERLEBENSTRAINING

Meine Freundin Iris hatte mir zu Ostern ein Sea-Survival-Training in Elsfleth geschenkt, um mich auf den Überflug vorzubereiten. Im Mai 2018 begann das Training im Oldenburger Land. Der Kurs dauerte zwei Tagen. Um überhaupt teilnehmen zu dürfen, mussten Unmengen von Papier ausgefüllt und unterschrieben werden. Von Haftungsausschlüssen bis hin zu Angaben zur körperlichen Fitness. Das Training wurde von einem Rettungstaucher durchgeführt, der schon überall getaucht hatte und auch auf verschiedenen Ölplattformen tätig war. Der erste Tag begann mit einer Theoriestunde. Wir lernten viel über die richtige Schutzausrüstung, vom Überlebensanzug bis hin zu Strategien, um auf dem Wasser zu überleben. Ebenso wurde über Rettungsinseln und Signaleinrichtungen gesprochen und erläutert, auf was man dabei achten musste. Der Theorieunterricht war umfangreich und umfasste alle Aspekte, die mit dem Überleben im oder auf dem Atlantik zu tun haben. Auch wurde besprochen, wie man sich am besten gegen Hypothermie und Ertrinken schützen kann. Nach dieser sehr hilfreichen Einführung ging es am nächsten Tag dann ans Eingemachte. Uns wurde das Simulationsgelände gezeigt. Hierbei handelt es sich um einen circa 140 Meter langen und 60 Meter breiten Pool, indem die gefährlichsten Wetterphänomene simuliert werden können. Der Pool wirkte allein schon sehr beeindruckend ohne irgendwelche eingeschaltete Technik. Nachdem der Kursleiter die Technik aktiviert hatte, fuhren die Rollläden herunter und die Wellenmaschine produzierte fünf bis sechs Meter hohe Wellen. Das ganze Szenario wirkte völlig irreal und gleichzeitig sehr furchteinflößend.

Nachdem die komplette Technik wieder abgestellt worden war, wirkte der ganze Raum wieder wie ein überdurchschnittliches Hallenbad. Nun sollten wir uns alle die Überlebensanzüge anziehen. Es gibt zwei verschiedene Überlebensanzüge. Der eine hält sehr warm und gibt Auftrieb: ein Neoprenanzug, bei dem die Beweglichkeit sehr eingeschränkt ist. Der andere Überlebensanzug ist ein Trockentauchanzug. Dieser sitzt besser und man ist beweglicher. Hier hat man allerdings keinen Auftrieb und er isoliert nicht so gut. Der Anzug wird von Mitarbeitern auf Ölbohrinseln verwendet. Man konnte wählen, welchen Anzug man gerne ausprobieren wollte. Ich entschied mich für den Neoprenanzug. Bei der ersten Übung mussten wir einfach nur im Wasser treiben. Das war mit dem Anzug eine leichte Übung. Ein paar andere Kursteilnehmer hatten sich für den Ölbohrplattform-Anzug entschieden. Für diese war die Übung sehr kräftezehrend.

Danach begann ein leichter Wellengang. Das war auch noch in Ordnung. Doch dann wurde es stockfinster, eine simulierte Nacht und wir mussten uns aneinander festhalten und gewisse Schutzstellungen einnehmen, in denen man am besten überleben konnte. Einsam auf dem Atlantik bei drei Grad kaltem Wasser zu treiben, kann man sich kaum vorstellen. Angenehm ist das bestimmt nicht. Nachdem wir die Überlebensstellungen mehrfach geübt hatten, kamen die Rettungsinseln ins Spiel. Jeder musste auf eine Insel klettern. Natürlich immer noch bei Nacht und hohem Wellengang.

Bei dieser Übung kamen die Ersten an Ihre körperlichen Grenzen. Der Bohrinselanzug hatte bei dieser Übung klare Vorteile. Als es alle in die Rettungsinseln geschafft hatten, wurde der Wellengang auf sieben Meter erhöht. Einige wurden seekrank. Zum Glück übergab sich niemand. Nach einer kurzen Verschnaufpause mussten wir eine lange Leiter heraufklettern, um anschließend wieder ins Wasser zu hüpfen.

Dann war endlich die Mittagspause angesagt. Manche waren sichtlich erschöpft und mental am Ende. Aber damit noch nicht genug: Nach der Pause wurde ein Flugzeugabsturz simuliert. Ein Flugzeug wurde im Becken unter Wasser getaucht, mitsamt der Insassen. Auf ein Kommando des Rettungstauchers musste man das Flugzeug verlassen. Einfach gesagt aber nicht getan. Man sitzt festgeschnallt in einem Flugzeug mit Fenstern und das Wasser steigt immer höher, bis man schließlich langsam abgetaucht ist. Wenn da noch keine Panik aufkommt, dann muss man warten, bis der Taucher das Abschnallkommando gibt. Man muss sich unter Wasser abschnallen, das Fenster öffnen, herausschwimmen und auftauchen. Dabei verliert man schnell die Orientierung, was nicht zu vernachlässigen ist. Man weiß nicht, wo oben und unten ist. Bei einem Absturz sollte man sich immer mit einer Hand festhalten und sich zu dieser Hand hinziehen. Das soll dabei helfen zu erkennen, wo oben und unten ist.

Mit dem »Bohrinselanzug« ist das weitaus einfacher, da dieser keinen Auftrieb verursacht. Wenn man sich aber, wie ich, für den Neoprenanzug entschieden hat, ist der Auftrieb nach dem Abschnallen so groß, dass man sich erst irgendwo wieder herunterziehen muss, um durch das Fenster zu kommen. Ein bisschen wie auf einer Raumstation. Das heißt, sobald man sich abschnallt, wird man an die Flugzeugdecke geschossen. Kein angenehmes Gefühl. Das kann ich aus Erfahrung sagen.

Simulation eines Flugzeugabsturzes: Da kommt man ganz schön ins Schwitzen!

Nachdem jeder, der bereit dazu war, die Übung absolviert hatte, wurde noch eine Schippe draufgelegt. Nun drehte sich das Flugzeug mehrere Male und man musste danach aus dem Flugzeug herausklettern. Das war wirklich nichts für schwache Nerven.

Nachdem wir aus unseren Anzügen gestiegen und wieder in unsere normale Kleidung geschlüpft waren, tauschten wir uns untereinander aus. Jedem war klar, dass keiner diese Situation erleben möchte. Zum Abschluss des Sea-Survival-Trainings wurden noch verschiedene Leucht- und Signalkörper gezündet. Jeder durfte einmal einen Signalkörper und auch einen Rauchkörper zünden. In diesen zwei Tagen war mir klar geworden, dass meine Rettungsausrüstung nicht ausreichen würde und ich weiter aufstocken musste.

ABENTEUER MIT YURA

Mit Dave lief alles wie am Schnürchen. Nachdem die Probleme des Flugzeuges behoben worden waren und die Avionik komplett überarbeitet worden war, musste die alte Lady Probe geflogen werden. Im Oktober 2018 flog ich wieder in die USA. Nachdem ich in Los Angeles gelandet war, ging es sofort weiter nach Medford in Oregon. Nach der Einweisung in die neue Flugzeugtechnik war es endlich so weit. Die Zeit für den ersten Flug nach Einbau des neuen GPS-Empfängers war gekommen. Yura und ich nahmen das Flugzeug in Empfang. In den ersten Flugstunden lernten wir die neue Technik kennen und Yura das Flugzeug. Yura war es nicht gewohnt, so kleine Flugzeuge zu fliegen. Normalerweise flog er ja eine Boeing 767. Bei Yuras erster Landung versuchte er, die Maschine 30 Meter über der Landebahn abzufangen, wie er es bei der Boeing 767 gewohnt war. Als wir die Maschine am ersten Tag mehrere Stunden getestet hatten, merkten wir, dass nicht alle Probleme beseitigt worden waren. Die Druckkabine schien besser zu funktionieren, aber nicht einwandfrei. Das konnten wir schon nach wenigen Flugstunden rund um Grants Pass herausfinden. Aber dazu später mehr.

Abends zeigte Yura mir seine Heimatstadt Grants Pass. Hier leben ungefähr 27 000 Einwohner. Die Stadt liegt im Süden Oregons. Das Bundesland Oregon ist republikanisch geprägt und sehr waffenfreundlich. Im Klartext heißt das: Fast jeder Bewohner hat mehr als eine Schusswaffe zuhause und manche tragen diese auch offen auf der Straße. Zudem hat die Stadt ein Problem mit Chrystal Meth.

Am Morgen nach der Stadttour waren Yura und ich wieder pünktlich am Flughafen und hofften, dass die Mängel weitestgehend beseitigt wurden. Als wir ankamen, stand das Flugzeug auf Böcken und die neue Weight und Balance wurde gemacht, die auf Grund der neuen Avionik nötig geworden war. Nachdem laut Mechaniker die meisten Probleme beseitigt worden waren, ging es auf zum neuen Testflug über Süd-Oregon.

Die Besonderheit von Grants Pass ist, dass die Stadt in einem Tal liegt, das von 2500 Meter hohen Bergen umgeben ist. Ein Anflug nach Instrumenten muss höchst präzise ablaufen, sonst macht man mit den umliegenden Bergen Bekanntschaft.

Neuer Testflug, neues Ziel. Diesmal wollten wir die Kalibrierung des GPS und der neuen Avionik testen. Diese funktionierte erstaunlich gut und wir waren sehr zufrieden mit dem neuen GPS und den neuen Einbauten. Die sicherheitsrelevanten Probleme wurden weitestgehend behoben. Nachdem der zweite Testflug gut verlaufen war, wollten wir am nächsten Tag die Westküste unsicher machen und das Flugzeug auf der Langstrecke testen. Wir stellten den Flieger wieder in der Werft ab und hofften, dass einige andere Kleinigkeiten bis dahin noch erledigt werden würden. Nachdem wir das Flugzeug abgestellt hatten, holten wir Yuras Pistolen und Gewehre und fuhren in ein Waldstück, um dort Schießübungen zu machen. Als ich Yuras Waffen zum Auto trug, fühlte ich mich wie ein Schwerverbrecher. Dies hätte in Deutschland zu mehreren Jahren Gefängnis geführt. In Amerika dagegen ist es vollkommen normal, in den Wald zu gehen und einfach zu schießen. Nachdem ich alle möglichen Waffen geschossen hatte, beschlossen wir abends noch Grants Pass unsicher zu machen. Wir sind von einer Hillbilly-Bar zur nächsten gezogen. Man muss schon sagen, dass die Welt in dem kleinen Ort anders tickt, als in Europa. Da Yura und ich gerne zocken, wollten wir in eine der Spiel-Hauptstädte der USA fliegen. Da gibt es natürlich Las Vegas, da waren Yura und ich allerdings schon des Öfteren. Also fiel diese Destination flach. Dann gab es noch Atlantic City, aber das war uns dann doch etwas zu weit. Also blieb uns nur noch Reno Nevada.

Der Flug von Grants Pass nach Reno verlief unspektakulär. Die Berge ragten bis zu 3500 Meter in die Höhe und wir konnten feststellen, dass die Druckkabine wieder nicht richtig funktionierte. Wir hatten bei 18 000 Fuß einen Kabinendruck von 10 000 Fuß in der Kabine. Das durfte so nicht sein. Bei dieser Höhe sollte ein Kabinendruck von 6000 Fuß angezeigt werden. Anhand eines Sauerstoff-Monitors schauten wir, wie sich unser Sauerstoffgehalt im Blut verhielt. Sobald der Sauerstoffwert unter 90 Prozent fiel, setzten wir Sauerstoffmasken auf. Das war sehr unbefriedigend, da wir ursprünglich ein Flugzeug mit funktionierender Druckkabine gekauft hatten.

Man unterschätzt die Berge, die sich von der Westküste der USA nach Osten strecken. Die meisten Menschen kennen nur die Rocky Mountains und meinen, dass sich links und rechts der Rockies Flachland befindet. Dem ist aber nicht so. Dazwischen liegt noch die Sierra Nevada. Die Sierra Nevada ist bei Piloten genauso gefürchtet wie das Bermudadreieck. Aufgrund der Bergformation kommt es hier zu sehr starken Auf- und Abwinden. Die lassen ein Flugzeug sehr schnell an den Felsen zerschellen. Aus diesem Grund wird das Gebiet auch das Sierra-Nevada-Dreieck genannt. Hier passierten bislang mehr als 2000 Flugzeugunfälle. Manche Verschwörungstheoretiker führen die hohe Rate der Abstürze auf die naheliegende AREA 51 zurück. Laut ihnen sollen dort außerirdische Lebensformen erforscht werden. Aber davon ließen wir uns natürlich nicht abschrecken! Der Flug von Grants Pass nach Reno musste gut vorbereitet sein, weil auf dem Weg sehr viele militärische Übungsgebiete wie die Area 51 liegen. Diese Gebiete dürfen nicht einmal annähernd überflogen werden. Der Flug nach Reno war ein wenig holprig, aber nichts Dramatisches passierte. Mit der Technik des Flugzeuges, ausgenommen der Druckkabine, waren wir sehr glücklich. Nach einer guten Landung in Reno beschlossen wir, schön essen zu gehen und danach eine Runde zu spielen. Wir wollten nicht so lange unterwegs bleiben, weil wir am nächsten Morgen die Rockies überqueren wollten, um nach Texas zu fliegen. Nach einem tollen Abendessen waren wir Black Jack spielen, und haben natürlich verloren.

Am nächsten Morgen fuhren wir wieder früh zum Flughafen. Yura übernahm den Flugzeugcheck und tankte. Ich machte den Flugplan für Texas. Wir hatten geplant, lange zu fliegen und nach einem Benzinstopp die Rockies komplett zu überqueren.

Das Wetter über den Rockies war durchwachsen, aber es war auch nichts Schlimmes angekündigt: also kein Eis und keine Turbulenzen. Nachdem wir das Instrumentenabflugverfahren aus Reno geflogen waren und bei 17 000 Fuß Höhe angelangt waren, beschlossen wir Sauerstoffmasken anzulegen, da das Wetter langsam immer schlechter wurde. Schon 30 Minuten nach dem Start waren wir durchgehend in den Wolken. Anfangs war es sehr ruhig, keine Turbulenzen. Es sprach nichts dagegen, den Flug durchzuführen. Je weiter wir nach Osten flogen, desto mehr nahmen die Turbulenzen zu. Mittlerweile wurden wir ganz schön durchgeschüttelt. Wir fragten die Flugsicherung, ob wir eine höhere Flughöhe bekommen könnten, um den Turbulenzen zu entgehen. Wir bekamen die Freigabe auf 20 000 Fuß zu steigen. Jedoch erwarteten uns bei Flugfläche 20 solche starken Turbulenzen, dass wir die

Höhe nicht halten konnten. Zudem setzten wir innerhalb weniger Minuten Eis an. Die Tragflächen wurden mit einer soliden Eisschicht überzogen und die Scheibe fror komplett zu. Wir waren kurz vor den Rocky Mountains. Zu allem Übel fiel auch noch die Sicherung der elektrischen Benzinpumpe am linken Motor aus. Kein Problem, Checkliste raus. Da stand, dass man nur eine einzige Chance hat, die Sicherung erneut umzulegen. Falls dies nicht funktioniert, darf man den Schalter nicht mehr anfassen. Gesagt getan und die Sicherung flog wieder heraus. Zum Glück haben wir noch eine mechanische Spritpumpe, die konstant mitläuft, ob diese allerdings die geforderte Spritmenge zum Motor befördern kann, war nicht klar. Was tun? Wir hatten Eis am Flugzeug und wussten nicht, ob der linke Motor durchhalten wird. Zudem war es fast unmöglich die zugeteilte Höhe zu halten. Die Flugsicherung hatte uns deshalb schon einen Höhenblock zugeteilt. Jetzt streikte auch noch die Benzinpumpe. Wir hatten gerade die Mitte der Strecke erreicht und befanden uns erst an den Ausläufern der Rocky Mountains. Die Berge unter uns ragten bis 15 000 Fuß hoch und wir selbst flogen irgendwo zwischen 18 und 20 000 Fuß. Wir beschlossen, umzudrehen und zurück nach Reno zu fliegen, da wir wussten, dass es dort eine Flugzeugwerft gab, die auch Cessnas reparierte. Nachdem der Entschluss gefasst worden war, mussten wir die Flugsicherung informieren, dass wir wieder nach Reno zurückfliegen wollten. Die Flugsicherung gab uns die Freigabe zum Umkehren. Wir mussten also wieder umdrehen und noch mal durch die Turbulenzen und das Eis fliegen, um nach Reno zu kommen. Wir wurden wieder ganz schön durchgeschüttelt und die Frontscheibe vereiste komplett. Nach ungefähr drei Stunden in den Wolken, mit Eis und Turbulenzen bekamen wir erst 30 Minuten vor Reno wieder klare Sicht. Die Scheibe war immer noch verreist, aber die Enteisungsanlage funktionierte. Ebenso funktionierten die Boots am Flügel, die das Eis absprengten. Nach der Landung in Reno waren wir beide extrem glücklich, wieder am Boden zu sein. An manchen Stellen des Flugzeugs hatte sich immer noch Eis angesammelt. Es ist wirklich kaum zu glauben, wie schnell sich das Eis am Flugzeug sammelt und ausbreitet. Ich hatte davon gelesen, aber bis zu diesem Moment hatte ich mir das nicht richtig vorstellen können. Nachdem wir gelandet waren, riefen wir unseren Mechaniker Dave an. Er war sich sicher, dass es sich um die Benzinpumpe handelte. Wo bekommen wir samstagabends in Reno eine Benzinpumpe her? Die Werft am Flughafen war schon geschlossen und machte erst am Montag wieder auf. Wir riefen die 24-Stunden-Hotline der Werft an. Sie waren bereit, uns zu helfen, meinten aber ebenfalls, dass das Problem die Benzinpumpe wäre und wir erst mal eine Pumpe besorgen müssten. Was nun?

Ich durchsuchte alle mir gängigen Ersatzteilportale, aber ich fand leider keine Benzinpumpe. Doch Dave der Mechaniker hatte eine an der Ostküste aufgetrieben. Ein wahres Organisationstalent. Am nächsten Morgen würde die Pumpe am Reno International Flughafen ankommen. Wir mussten sie nur noch dort abholen und am Montag dem Mechaniker vor Ort zum Einbau geben. In Amerika gibt es eine tolle Versandmethode namens Overnight. Man geht zu einer Fluglinie zum Beispiel United und gibt dort das gewünschte Paket ab. Die Fluglinie bringt es dann mit dem nächsten Flugzeug zum gewünschten Flughafen. Dort kann man die Ware abholen. Man muss sich nur den Flugplan der Airline anschauen und die gewünschte Sendung zum Flughafen bringen. So wurde es auch in diesem Fall abgewickelt. Das Ganze heißt Counter-to-Counter. Am nächsten Tag holten wir also die Pumpe ab.

Danach besuchten wir das National Automobile Museum in Reno. Eines der besten und größten Museen weltweit, das sich mit Autos und deren Geschichte beschäftigt. Die meisten der Autos stammen aus der Sammlung des ehemaligen Kasinobesitzers William F. Harrah. Fast 1500 Autos zählte sein Privatbestand. Nachdem Harrah gestorben war, erwarb Holiday Inn seine private Autokollektion. Leider behielt die Holiday-Inn-Kette die Autos nicht und verkaufte diese an eine Stiftung. Weitere Teile der Sammlung wurden privat verkauft. Doch einige Exemplare sind bis heute erhalten. Als Liebhaber von amerikanischen Oldtimern fühlte ich mich dort wie im Himmel. Am letzten Abend in Reno beschlossen Yura und ich, nochmals unser Glück im Casino zu versuchen. Diesmal gewannen Yura und ich viel Geld beim Craps. Das Spiel ist sehr unterhaltsam und einfach zu lernen: Man muss nur auf die Zahl sieben aufpassen. Montagmorgen ging es dann wieder an den Flughafen zur Werft. Die Benzinpumpe wurde abgegeben und wir hofften, dass diese schnellstmöglich eingebaut werden würde. Der Eigentümer sicherte uns zu, sich zu beeilen. Wir sollten in der Pilotenlounge warten. Stündlich versuchten wir, dem Mechaniker Druck zu machen, damit er endlich anfing, das Flugzeug zu reparieren. Doch das half nichts und nach zwei Stunden gaben wir auf.

Nach vier Stunden tauchte der Mechaniker plötzlich bei uns auf und erklärte uns, dass es sich um eine falsche Benzinpumpe handelte. Wir fragten ihn, ob er sicher wäre und ob es nicht etwas anderes sein könnte. Er meinte nur, dass er das prüft und sich wieder meldet. Wiederum eine Stunde später kam er wieder und meinte, dass die Benzinpumpe funktionieren würde. Doch irgendwo sei ein Kurzschluss im Kabel zur Spritpumpe. Er würde sich das mal nach dem Mittagessen ansehen. Sehr frustrierend gelinde gesagt. Irgendwann schliefen Yura und ich in den komfortablen Sitzen der Pilotenlounge ein. Als wir aufwachten, eilten wir direkt zum Hangar der Flugzeugwerft. Da erzählte man uns, dass das Problem schon längst behoben wäre und wir nach Bezahlung der Rechnung das Flugzeug wiederbekommen würden. Es hatte sich nur ein Kabel unter dem Pilotensitz gelöst und einen Kurzschluss verursacht. Nach drei Tagen war das Flugzeug endlich wieder startklar und wir wollten nichts wie raus aus Reno.

Da ich in ein paar Tagen wieder zurück musste, hätte es sich zeitlich nicht mehr gelohnt, nach Texas zu fliegen. So beschlossen wir kurzfristig, am Abend noch ins sonnige Kalifornien zu fliegen. Genauer gesagt: San Diego. Der Ort, an dem alles begann.

Wir hatten einen sehr ruhigen und unspektakulären Nachtflug. Nach drei Stunden landeten wir in San Diego, Montgomery Field. Nachdem wir ein Taxi in unser altes Viertel, Pacific Beach genommen hatten, checkten wir in unser Motel ein.

Kaum, dass wir die Koffer im Hotelzimmer abgestellt hatten, liefen wir sofort unsere »alte Kneipenstraße« herunter und wollten unsere alten Bars aufsuchen. Leider waren die meisten Kneipen neu renoviert und hießen inzwischen ganz anders als zu Studienzeiten. Wir mussten feststellen, dass die junge Generation hier immer noch feierte, wir gehörten allerdings nicht mehr dazu. Aus diesem Grund schlenderten wir nach ein paar Gläsern Bier wieder ins Hotel und legten uns schlafen. Am nächsten Morgen standen wir früh auf und fuhren zum Flughafen. Wir stellten fest, dass die Benzinpreise in San Diego Montgomery fast einen Euro pro Gallone teurer waren, als am benachbarten Flughafen Gillespie Field. Aus diesem Grund flogen wir zum Tanken an meinen alten Flughafen. Bei 163 Gallonen Fassungsvermögen des Flugzeuges machte ein Euro pro Gallone viel aus. Abflug aus San Diego, Left Downwind Departure. Nach dem Abheben fragten wir sofort nach einem Frequenzwechsel und funkten zur Landefreigabe direkt Gillespie Tower an.

Alles passierte sehr schnell, da die Flughäfen nur circa zehn Kilometer Luftlinie auseinanderliegen. Nach der Landung rollten wir zur Tankstelle und auf dem Weg dorthin auch an der alten Flugschule vorbei. Wir konnten es uns nicht verkneifen, dort nach dem Tankstopp vorbeizuschauen. Die Flugschule hatte sich – wie ich schon beim letzten Besuch bemerkt hatte – wirklich sehr verändert. Als ich dort meinen Pilotenschein gemacht hatte, war ich der einzige Ausländer. Ich war »The German Guy«. Heute sind an der Flugschule alle möglichen Nationen vertreten. Von Chinesen bis Russen ist alles vorhanden und alle tragen ein weißes Pilotenshirt. Es hatte sich hier einiges getan, muss man schon wirklich sagen. Alle Fluglehrer, die ich damals kannte, hatten schon zu irgendwelchen regionalen oder internationalen Fluglinien gewechselt. Wie ich in der Flugschule feststellen konnte, ist die USA immer noch das Fliegerland Nummer eins. Alle möglichen Nationen kommen in die USA, um ihre Pilotenausbildung dort zu absolvieren. Die Ausbildung in den USA ist weitaus praxisbezogener und einfach viel günstiger und unbürokratischer. Nach dem Tankstopp beschlossen wir, meinen alten Kumpel Jeff zu besuchen. Zur Erinnerung: Jeff hatte mich in der N6MK ausgebildet und mich beim Flugzeugkauf unterstützt. Nach einem einstündigen Flug erkannte ich einmal mehr, wie schnell die 340er fliegt.

In meiner Ausbildung flog ich sehr oft mit einer Cessna 172, einer viersitzigen Kleinmaschine, nach Los Angeles. Mit dieser Maschine dauerte der Flug fast immer an die zwei Stunden. Ich war sehr zufrieden mit der alten Dame. Sie funktionierte technisch einwandfrei. Natürlich hatte die mittlerweile 44 Jahre alte Lady ein paar Macken und Eigenarten, aber das macht ja auch den Charme eines solchen Flugzeuges aus. Der Anflug nach El Monte ist stets eine Herausforderung. Der Flughafen liegt mitten im Wohnviertel und ist tagsüber schwer zu erkennen. Die Landung übernahm Yura. Leider war Yura immer noch der Meinung, dass er eine Boeing 767 landet und keine Cessna 340. Yura und ich führten im Cockpit die wildesten Diskussionen. Yura ist der »Procedere Guy«: Er macht alles nach Buch und Vorschrift. Ich mochte diese Art zu fliegen zwar und ich profitierte sehr davon, aber eine 340er-Cessna muss anders gelandet werden als eine Boeing 767.

Nach der Landung ging es direkt zu meinem Freund Jeff. Der freute sich und empfing mich mit einer festen Umarmung. Ich stellte ihm Yura vor und er setzte ihn sofort in den Simulator und testet den Jungen auf Herz und Nieren. Nach einer Stunde Simulator sagte Jeff nur: »Der ist gut!« Leider hatte Jeff wieder einen neuen Schüler und wir mussten uns auf den Weg machen. Vorher wollte Jeff jedoch die neue Avionik sehen. Also nichts wie hin zum Flugzeug. Jeff war ebenfalls begeistert von der überarbeiteten Technik. Leider funktionierte die Beleuchtung im Cockpit nicht. So mussten wir nachts immer mit Taschenlampe fliegen. Das musste auf jeden Fall behoben werden und kam auf unsere To-do-Liste. Nachdem wir uns von Jeff verabschiedet hatten, beschlossen wir eine von Yuras Damen zu besuchen. Sie wohnte in San Francisco. Zur Namensgebung nennen wir sie einfach Linda. Linda war eine Thailänderin mit einem dunkelhäutigen Vater. Auf dem Flug nach San Francisco wurden wir erneut auf die Probe gestellt. Nach dem Start kam die Anweisung: »Reduce your Speed.« Also flogen wir langsamer. Dann bekamen wir die Anweisung erneut. »Reduce your Speed.« Wir verlangsamten die Maschine abermals. Wir flogen inzwischen mit der geringsten Geschwindigkeit, bei der wir noch sicher fliegen konnten. Wir waren immer noch zu schnell. Die einmotorige Maschine vor uns war einfach zu langsam. Wir konnten die Geschwindigkeit aber nicht weiter reduzieren. Als der Lotse uns erneut aufforderte, langsamer zu fliegen, antworteten wir mit: »Unable.« Wir waren nicht in der Lage, das Tempo noch mehr zu drosseln. Schließlich wurde es dem Lotsen auch zu blöd und er schickte das langsamere Flugzeug vor uns in einen Hold, sodass wir vorbeikonnten. Aufregend. Nachdem der Lotse uns aufgefordert hatte, »Best Forward Speed« zu fliegen, konnten wir die alte Lady wieder beschleunigen und ich fühlte mich, als ob ich einen Airbus fliegen würde. Die Cessna 340 ist Baujahr 1974. Bei diesem Flugzeug muss man aufpassen, dass man das Gas nicht zu schnell herausnimmt, da die Motoren kühl werden können. Also nie, ich wiederhole, nie komplett das Gas rausnehmen. Das war ein Problem, das Yura von einem Jet nicht kannte. In der Cessna muss der Anflug genau geplant werden. Zudem müssen die Motoren immer gut gekühlt werden. Hierzu hat man Luftklappen sowie die Spritzufuhr. Je mehr Sprit dem Motor zugeführt wird, desto besser kann man die Temperatur senken oder auch im anderen Falle erhöhen. Wichtig ist, die Motorenanzeige immer im Blick zu behalten. Der Flug nach San Francisco war wieder mal unspektakulär. Nur die Cockpit-Konversationen zwischen Yura und mir waren hitzig. Während des Fluges fiel Yura auf, dass er kein Geschenk für seine Freundin Linda hatte. Er fragte mich, ob ich etwas Entbehrliches dabeihätte. Ich schlug eine gebrauchte Inhalierschüssel mit Mundstück vor. Er meinte nur: »Wunderbar, das schenke ich Linda.«

Yura und ich, wenn wir gerade mal nicht diskutieren

Bei Instrumentenanflügen, besonders bei einem ILS, wird einem die Sinkrate anhand eines Instrumentes im Cockpit angezeigt. Dieses Instrument besteht aus zwei Nadeln. Beide Nadeln müssen mittig stehen. Sie gleichen dann einem Kreuz. Ist die Nadel nach rechts gerichtet, muss man nach rechts fliegen, um die Nadel wieder in die Mitte zu lenken, dort wo sie hingehört. Wenn beide Nadeln mittig stehen, hat man den perfekten Anflug. Die gleiche Nadel, die für den linken und rechten Ausschlag vorhanden ist, gibt es auch für einen zu hohen oder zu niedrigen Anflug. Wenn man eine gewisse Höhe erreicht hat, muss man die Landebahn sehen, sonst muss man direkt durchstarten.

Yura meinte, wenn die passende Höhe erreicht sei, sollte man weiter der Anzeige folgen, bis zum Aufsetzen der Maschine. Doch ich vertrete grundsätzlich die Meinung, dass ich, sobald ich die Höhe erreicht habe, das

Flugzeug ohne weitere Instrumente landen kann. Das heißt, ich erhöhe die Sinkrate, da der Flughafen in Sichtweite ist und ich genau weiß, wo ich aufsetzen möchte. So fliege ich auch die ganzen Anflüge.

Yura war jedoch überzeugt, dass seine Verfahrenstechnik, die auch von Fluglinien praktiziert wird, die bessere sei. Ich stimme ihm zu, dass dies bei Fluglinien das beste Verfahren ist, weil diese auch mehrere Kilometer Landebahn haben. Wir einigten uns darauf, Yuras Technik zu testen, da die Landebahn in San Francisco auch über 1,8 Kilometer lang war. Nachdem wir nach Yuras Technik 200 Meter vor Ende der Landebahn zum Stehen kamen, gab er mir recht. Grund war, dass wir erst im letzten Drittel der Landebahn aufgesetzt hatten. Mit diesem Vergleich will ich mich nicht als erstklassigen Piloten hervorheben, denn das bin ich bei Gott nicht. Ich habe auch schon einige Fehler gemacht. Diese werden an anderer Stelle beschrieben. Ich erwähne diese Situation nur, um zu demonstrieren, dass es für kein Flugzeug beziehungsweise keine Lebenslage ein perfektes Verfahren gibt.

Nach der besagten Landung ging es zum FBO. FBO steht für Fix Base Operator. Hier bekommt man alles von Sauerstoff bis Benzin und auch immer einen typisch amerikanischen Kaffee. Am FBO wartete schon Linda. Yura verabschiedete sich und meinte, dass er in einer Stunde wieder da sein würde. Ich tankte das Flugzeug und kümmerte mich um die Flugplanung nach Grants Pass. Danach überprüfte ich den Zustand des Flugzeugs und entspannte anschließend beim Fernsehen in der Piloten Lounge. Irgendwann kam Yura zurück, mit einem Lächeln im Gesicht. Kurz darauf brachen wir in Richtung Grants Pass auf. Das Wetter in San Francisco war sonnig. Doch je nördlicher wir kamen, desto schlechter wurde das Wetter. Nachdem die Sonne untergegangen war und wir wieder unsere Taschenlampen einschalten mussten, um die Instrumente lesen zu können, erzählte Yura von Linda. Linda sei seine liebste und beste Freundin. Er wäre so gerne mit ihr zusammengezogen, aber sie hat ein Kind und Yura ist nicht gerade kinderfreundlich. Er mag Kinder zwar, aber aufziehen möchte er sie nicht.

»Linda is such a sweetheart, Max«, sagte er.

»I like her so much.«

Das waren die Worte, die gefallen sind. Er hatte Linda damals auf Hawaii kennengelernt, als er mit seiner damaligen Freundin dort lebte. Er war als Pilot für eine lokale hawaiianische Fluglinie geflogen. Nachdem sie damals den ersten Abend zusammen verbracht hatten, musste er morgens früh zur

Arbeit. Nachdem er von der Arbeit wieder heimgekommen war, hatte Linda die komplette Wohnung aufgeräumt und seine Wäsche gemacht. Ihn beeindruckte die Tatsache so sehr, dass sie einfach seine Wohnung aufgeräumt hatte, dass er heute noch davon redet. Da Yura keine Beziehung mit Linda eingehen wollte, orientierte Linda sich um. Sie lernte jemand anderen kennen und bekam ein Kind mit diesem Mann. Nachdem diese Beziehung aber nicht hielt, fanden Yura und Linda wieder zusammen. Die Beziehung beschränkte sich aber darauf, dass sie nur stattfand, wenn Yura in der Stadt war. Mittlerweile waren wir wieder mitten in der Wettersuppe. Allerdings gab es keine Turbulenzen und wir setzten Gott sei Dank kein Eis an, was schon sehr beruhigend war. Also musste der GPS-Anflug nach Grants Pass geflogen werden. Denn sehen konnten wir nichts. Yura übernahm den Funkkontakt und die Programmierung des GPS und ich flog den Anflug auf Grants Pass. Der Anflug verlief ruhig. Es war der letzte Anflug für mich, bevor ich am nächsten Tag wieder nach Frankfurt zurückmusste. Die Landung verlief einwandfrei und wir rollten zu unserem Mechaniker Dave, der uns zur Problembesprechung in Empfang nahm. Aufgrund der Digitalisierung konnte Dave anhand einer App jeden Schritt von uns und der N6MK verfolgen. Einfach gigantisch.

Wir stellten das Flugzeug ab und ich verabschiedete mich von der alten Lady. Danach mussten wir die Probleme des Flugzeugs mit David besprechen.

Folgende Punkte sollten dringend repariert werden: Die Druckkabine musste funktionieren. Das war der wichtigste Punkt. Die Heizung funktionierte nicht, obwohl sie neu war. Die Innenbeleuchtung des Flugzeuges musste repariert oder zumindest instandgesetzt werden. Das Flugzeug hat vier Tanks und je nach Tank-Auswahl müssen bestimmte Lichter angehen, diese funktionierten aber nur tagsüber. Die Anzeigen der Zylindertemperatur mussten kalibriert werden. Nach dem Gespräch lud ich David und Yura noch zum Essen und auf ein paar Bier ein. David hatte sich bereits nach wenigen Bieren verabschiedet, doch Yura und ich starteten durch. Aus ein paar Gläsern Bier wurden ein paar mehrere. Am nächsten Morgen hatte ich einen gewaltigen Schädel und musste früh aufstehen, um meinen Flug von Medford nach San Francisco zu erreichen. Es klappte und während ich in San Francisco auf meinen Anschlussflug nach Frankfurt wartete, ließ ich den Trip Revue passieren. Ich war sehr zufrieden mit dem Flugzeug und der Technik. Allerdings war ich verärgert darüber, dass ich angelogen worden war. Mir wurden Reparaturen versprochen, die nie durchgeführt worden waren. Wenn man nicht andauernd vor Ort ist und den Jungs ständig auf die Füße tritt, machten die, was sie wollten. Ich war auf jeden Fall gespannt, was bei meinem nächsten Besuch tatsächlich repariert sein würde. Yura und ich hatten schon Pläne geschmiedet, über Weihnachten auf die Bahamas zu fliegen. Wir wollten unsere Freundinnen mitnehmen. Welche Freundin Yura mitnehmen wollte, war ungewiss.

BACK IN GERMANY

Langsam wurde es Zeit, meine Lizenzen umzuschreiben. Ich fand eine Flugschule in der Nähe von Berlin, mit der ich im regen Kontakt war. Da ich die Theorie bereits beherrschte und einigermaßen fliegen konnte, meinte die Flugschulleiterin, die Umschreibung würde nur ein paar Tage dauern. Wir mussten nur einen Termin finden.

Nachdem ich etwa vier Wochen zurück in Deutschland war, kam der Anruf von Dave. Es wurde Öl unter dem linken Triebwerk gefunden. Sie hatten festgestellt, dass der Propeller Öl verliert. Der Propeller benötigt grundsätzlich Öl, ohne lässt er sich nicht verstellen. Das hieß im Klartext, dass der gesamte Propeller überholt werden musste. Da die Überholung wie alles andere wieder länger dauern würde, fiel der Bahamas-Urlaub ins Wasser. Der Propeller konnte erst bis Ende Januar 2019 fertiggestellt werden.

Da der Trip auf die Bahamas nicht stattfinden konnte, beschloss ich über die Weihnachtsfeiertage meinen Pilotenschein umzuschreiben. Die Ausbildungsleiterin hatte sogar einen Fluglehrer für mich. Der Prüfer war auch schon informiert. Was konnte da noch schiefgehen?

Am ersten Weihnachtsfeiertag ging es dann mit dem Auto nach Schönhagen bei Berlin. Das wunderschöne Schönhagen. Wie dieser Ort zu seinem Namen kam? Keine Ahnung. Wirklich schön ist es dort nicht. Es gibt einen Flughafen und ansonsten nicht viel anderes. Es handelt sich dabei um einen der größten zivilen Flughäfen in Ostdeutschland. Am Flughafen gibt es ein besonderes Gästehaus, in dem ich übernachtete. Das Gästehaus war sehr schön dekoriert. Es ist mit alten Flugzeugutensilien wie zum Beispiel Sitzbänken und Trolleys möbliert. Da kann man wirklich sagen, das Ambiente stimmt an dem Flughafen. Leider gab es nichts anderes um den

Flugplatz herum. Und ich meine wirklich nichts. Nicht einmal das Flugplatzrestaurant hatte über die Weihnachtsfeiertage auf. Ich reiste abends an und am nächsten Tag war der erste Vorbereitungsflug auf die Prüfung mit einem Fluglehrer geplant. Um zehn Uhr morgens trafen wir uns an der Flugschule, die etwas abgelegen vom Flugplatz liegt. Wir sprachen ein wenig über die Unterschiede zwischen dem Fliegen in den USA und Deutschland. Danach sahen wir uns das Wetter an.

Doch der Wettergott meinte es nicht gut mit uns. Die Wolkenuntergrenze war keine 1500 Fuß hoch. Wir beschlossen, dass es für ein paar Platzrunden reichen müsste. Als wir startbereit waren, hatten wir nur noch 30 Minuten Zeit, bevor die Lärmschutzzeiten griffen. Die zugeteilte Cessna 172 erfüllte leider die Lärmschutzbestimmungen nicht. Somit durften wir zwischen 13 und 15 Uhr nicht fliegen. Also hoch in die Platzrunde. Wir landeten und starteten drei Mal. Der Fluglehrer war zufrieden und meinte, dass es für die Prüfung passt. Er wolle aber noch einmal in die Kontrollzone über Berlin einfliegen und schauen, wie ich mit dem Strömungsabriss umgehe. Außerdem wollte er noch ein paar Flugübungen sehen. Dies planten wir für den Nachmittag oder den nächsten Morgen. Der Fluglehrer meinte, dass ich die Platzrunde etwas zu schnell fliege, dies lag daran, dass ich an die 340er gewohnt bin, mit der man eine höhere Geschwindigkeit zum Anflug benötigt. Nachdem die Lärmschutzzeiten vorbei waren, ließ das Wetter auch keinen Flug mehr zu. Die Wolken waren auf 800 Fuß abgesunken und ein Sichtflug war dadurch unmöglich geworden. Am Abend versuchte ich, noch etwas zu essen zu finden, aber der Ort war wie ausgestorben.

Am darauffolgenden Tag starteten wir den Theorieunterricht. Wir konnten aufgrund des Wetters nicht fliegen, da die Wolkengrenze zu tief war. Nachdem wir die Theorie weitestgehend erledigt hatten und wir keine Chance sahen zu fliegen, beschlossen wir den nächsten Tag abzuwarten, bevor wir den Prüfer informieren würden. Der Prüfer stand Gewehr bei Fuß. Am nächsten Tag war das Wetter auch nicht besser und wir mussten dem Prüfer absagen. Ich fuhr unverrichteter Dinge wieder nach Hause. Das Wetter hatte uns einen Strich durch die Rechnung gemacht. Nachdem beides, die Umschreibung und unser Flug auf die Bahamas nicht geklappt hatte, war ich wieder zuhause. Ohne deutschen Flugschein und ohne die N6MK Probe geflogen zu haben. Die Weihnachtszeit hatte ich mir anders vorgestellt.

DER TESTFLUG

Nachdem ich endlich grünes Licht aus Amerika bekommen hatte, konnte ich wieder in die USA fliegen, um zu schauen, ob alle Probleme am Flugzeug behoben worden waren. Laut Dave wurde der Propeller abgedichtet und die Kleinigkeiten repariert. Die Cockpitbeleuchtung wurde ebenfalls repariert. Ich konnte es mir einrichten, Ende Februar 2019 nach Amerika zu fliegen. Yura hatte zu diesem Zeitpunkt auch Urlaub und wir beschlossen, uns in Oregon zu treffen. Ich kam einen Tag früher an als Yura. Yura stellte sein Truck wie immer am Flughafen in Medford ab und versteckte den Schlüssel am Fahrzeug. Da Yura über Seattle einfliegen würde, bat er mich, den Truck am Flughafen mitzunehmen. Leider schaute mir das gesamte Flughafenpersonal beim Schlüsselsuchen zu. Zum Glück wurde die Polizei nicht gerufen und ich fand den Schlüssel. Nach der Schlüsselsuche vor dem ganzen Bodenpersonal musste Yura sich nun ein neues Versteck suchen. Voller Euphorie fuhr ich zum Flughafen und dachte sofort daran, eine Runde drehen zu können. Leider ließ das Wetter an diesem Tag keinen Flug zu. Grants Pass liegt im Tal umgeben von Bergen. Ohne zu testen, ob alles korrekt kalibriert war, wollte ich nicht abheben. Zum Kalibrieren braucht man Sichtflugwetter. Ich inspizierte das ganze Flugzeug und die neuen Lichter im Cockpit sahen super aus. Ich testete diese am Boden und sie funktionierten einwandfrei. Yura hatte noch einen früheren Flug bekommen und kam schon abends anstatt erst am darauffolgenden Morgen. Yura und sein Vater liefern Autos in die ganze USA aus. Wenn zum Beispiel Herr Müller von Florida nach California umzieht, dann ist er bei Yuras Vater an der richtigen Stelle. Die Autos müssten eigentlich auf einem LKW transportiert werden, aber Yura und sein Vater nehmen die Richtlinie nicht so ernst. Also werden die Fahrzeuge auf eigener Achse bewegt. Zufällig stand noch so ein Auto in Seattle, das nach Grants Pass gefahren werden musste. Also nahm Yura kurzerhand das Auto und fuhr es nach Grants Pass. Nach seiner Ankunft zeigte mir Yura direkt seine neue Waffensammlung, die er um weitere Pistolen erweitert hatte. Ich hatte mal wieder einen Jetlag und musste früher ins Bett gehen. Am nächsten Morgen war das Wetter wieder nicht besonders gut. Also hieß es abwarten. Ich half Yura das Auto, das er in der vorigen Nacht unerlaubterweise von Seattle nach Grants Pass gefahren hatte, sauber zu machen, sodass man nicht sehen konnte, dass dieses Auto nicht auf einem Anhänger transportiert worden war.

Mittags klarte es auf und Yura und ich hoben zum Testflug ab. Die Lichter funktionierten super, aber die restlichen Feinheiten waren nicht wirklich in Angriff genommen worden. Die Druckkabine funktionierte nicht wirklich. Ich war so sauer und frustriert. Nach der Landung holte ich Dave und sagte ihm, was ich davon hielt. Ich beschloss, ihm vor meinem Abflug eine richtige Standpauke zu halten. Nun war ich bereits eine Woche da und trat ihm in den Arsch. Nach der Landung gestand Dave mir, dass er keinen Piloten für einen Testflug hatte. So verbrachten wir die nächsten drei Tage in Oregon mit dem Mechaniker, um das Flugzeug zu überprüfen und Probe zu fliegen. Ich erwartete ein repariertes Flugzeug. Ich wollte nicht der Testpilot sein. Ich dachte Yura und ich erkunden die USA, aber dem war nicht so. Nach drei Tagen waren die Probleme weitestgehend behoben, bis auf die Druckkabine. Leider fehlten uns nun die Tage zum Erkunden. Wir füllten unsere Sauerstoffflaschen auf und flogen los.

Die letzten drei Tage verbrachten wir damit, Yuras Truck zu reparieren und schießen zu gehen. Jede Nacht zog ich in ein anderes Hotel um, da sich die Preise jeden Tag änderten. Grants Pass Oregon ist ein kleines verschlafenes Örtchen. Hier gibt es nicht viel zu sehen oder zu erleben. Dazu kam noch, dass ich auf warmes Wetter eingestellt war. Die Temperaturen in Oregon lagen allerdings um den Gefrierpunkt. An einem Tag hatte es sogar geschneit. Dafür hätte ich nicht nach Oregon fliegen müssen. Zu einem Testflug brachte Yura seinen Vater und seine Freundin aus Oregon mit. Das war ein Erlebnis für beide. Für uns beide waren es die ersten Passagiere. Zu der alten Lady muss man sagen, dass sie sich bei kalten Temperaturen erheblich wohler fühlt als bei warmem Wetter. Die Steigrate, voll beladen, ist bei kaltem Wetter der Hammer. Wir sind N6MK bisher fast nur bei sommerlichen Temperaturen – zum Zeitpunkt des Starts – geflogen.

Wie gesagt, mittags war die Maschine endlich in dem Zustand, in dem man eine längere Strecke fliegen konnte. Ich hatte meinem Freund Fred in Phoenix versprochen, ihn zu besuchen. Da die Druckkabine nicht richtig funktionierte, beschlossen wir an der Küste nach Süden zu fliegen und dann, wenn die Berge niedriger wurden, östlich in Richtung Phoenix abzubiegen. Wir beschlossen, in Monterey Kalifornien zu tanken. Yura sagte, er würde den Anflug programmieren und die Radios übernehmen. Das Wetter war richtig gut und keine Wolke war in Sicht, so beschloss Yura das GPS so zu programmieren, dass es den Anflug alleine fliegen konnte. Yura programmierte alles fein säuberlich und es sah sehr gut aus. Nur vergaß

Yura den Anflug zu aktivieren, so wusste das Flugzeug nicht, was es tat. Als ich merkte, dass etwas nicht stimmte, schaltete ich den Autopiloten aus. Wir baten den Lotsen um einen neuen Anflug und taten den ersten Anflug als »Learning Experience« ab. Nach der Landung sagte Yura: »Sorry dude, I fucked up.« Alles gut, das kann passieren. Leider hatte ich keine Ahnung, dass ich auch gravierende Fehler machen würde.

Nach der Landung war es dann jedoch schon 19 Uhr und stockdunkel. Ich rief Fred an und er meinte, dass er in einer Stunde ins Bett müsste, weil er morgen früh einen wichtigen Termin hätte. Wir verabredeten uns für den nächsten Mittag.

Abends um 19 Uhr in Monterey Kalifornien: Was kann man hier machen? Nichts, absolut nichts. Wo konnten wir übernachten? Wo würden wir ein nettes Hotel und ein paar Bier bekommen und wo konnten wir zudem bis spät in die Nacht einfliegen?

Da gab es nur ein Ort im Westen, der unseren Anforderungen entsprach: Vegas Baby!

Yura tankte und ich machte einen Flugplan nach Las Vegas. Dabei stellte ich fest, dass wir durch eine Schlechtwetterfront fliegen würden. Anhand der Wetterplanung schätzte ich die Lage als ungefährlich ein und beschloss, dass wir durch die Front fliegen konnten. Die Tanks waren voll und Sauerstoff war auch noch ausreichend da, also hieß es ab auf 18 000 Fuß und direkt nach Henderson. Henderson war einer der Flughäfen, die im Umkreis von Las Vegas lagen. Eine Stunde nach dem Start landeten wir in den Wolken und diese sollten wir auch nicht so schnell wieder verlassen. Das Wetter wurde schlechter. Über der Wüste Kaliforniens wurden wir durchgeschüttelt und der Flügel bekam ein wenig Eis ab, aber nichts, was unsere Deicing Boots nicht schafften. Es gab aber deutlich Schöneres, als nachts im Flugzeug mit Sauerstoffmasken in den Wolken durchgeschüttelt zu werden. Eine Dreiviertelstunde vor Las Vegas hörten wir, dass die ersten Flugzeuge einen anderen Flughafen in Vegas anfliegen wollten. Die Landung in Henderson war sogar mit einem Instrumentenflug nicht möglich. Ich beschloss, den Flughafen auf North Las Vegas zu ändern, da ich keine Flugzeuge dorthin umdrehen hörte. Der Fluglotse gab uns somit die Freigabe für North Las Vegas. 2000 Fuß über der Stadt verließen wir die Wolken und der Strip tauchte vor uns auf. Das war eine richtige Augenweide. Den ganzen Las Vegas Boulevard hell erleuchtet zu sehen war unglaublich. Man liest immer nur darüber, aber das selber erleben zu dürfen war einfach spektakulär. Nach der Landung parkten wir das Flugzeug einfach irgendwo auf einem Stellplatz. Wir waren beide erledigt. Wir flogen nun seit circa neun Stunden über den ganzen Tag verteilt. Dank der Internetportale fanden wir schnell ein Hotel. Ich buchte und Yura organisierte ein Taxi. Wir funktionierten auch am Boden gut zusammen.

Im Hotel angekommen, überredete Yura mich noch auf ein paar Spiele. Wir spielten ein wenig und tranken ein paar Bier. Es gab natürlich noch viel Gerede über Flugzeuge. Meine Freundin Iris meint, wenn ich mit Yura unterwegs bin, gibt es nur Flugzeuge. Deshalb geht Iris ungern mit Yura und mir weg. Das ist die Doppeldröhnung Flugzeug-Talk.

Am nächsten Morgen war meine Freundin Sabine auf meinem Anrufbeantworter. Sabine ist eine gute Freundin aus Deutschland, mit der ich in Amerika studierte. Sie rief mich an, um mir zu sagen, dass sie heute in San Diego gelandet ist und an mich gedacht hatte. Sabine und ich wohnen in Deutschland eigentlich nur eine Stunde auseinander. Aufgrund des Alltags und der Kinder, mittlerweile hat Sabine drei, sieht man sich fast gar nicht mehr. Natürlich musste ich Sabine zurückrufen und wir verabredeten uns für den Abend in San Diego. Also wieder ein paar Flugstunden. Erst schnell nach Phoenix und von da nach San Diego. Das nennt man wohl Jetset-Leben! Ich machte die Flugplanung und Yura organisierte das Taxi zum Airport. Diesen Flug sollte Yura fliegen und ich die Navigation erledigen. Nach dem Tanken und den üblichen Checks holte ich mir ein Wetterupdate und sah, dass ein Sturm auf Phoenix zukam. Wir beschlossen zu fliegen und nach 30 Minuten waren wir mal wieder in den Wolken mit ein wenig Eis am Flügel. Die Turbulenzen waren nicht übel und wir dachten, so kann es weiter gehen. Doch dann zog das Gewitter genau über den Phoenix International Airport und keiner konnte mehr landen. Kein Airliner und auch kein anderes Flugzeug. Alle waren im Hold. Natürlich wurden auch wir in den Hold geschickt. Unter uns und über uns waren überall Flugzeuge. Da gab es nur noch eines, und zwar einen anderen Flugplatz suchen. Ich fand Deer Valley Airport. Ich fragte den Lotsen, ob wir Deer Valley anfliegen könnten. Der Lotse sagte: »N6MK stand by«. Drei Minuten später kam die Anweisung: »Cleared to Deer Valley Airport« via GPS Approach Runway 25L. Okay wir programmierten den Approach und los ging es. Wir machten uns auf einen spektakulären Anflug bereit. Das Ganze war im Endeffekt doch sehr unspektakulär. 2500 Fuß über dem Boden flogen wir aus den Wolken heraus und hatten eine tolle Sicht auf den Platz. Fred holte uns am Flughafen ab und wir gingen mexikanisch essen. Fred ist ein richtig cooler Typ. Seine Art und Weise und seine Offenheit beeindrucken mich immer wieder. Nach dem Mittagessen und ein paar Tassen Kaffee fuhr uns Fred wieder zum Flugplatz. Natürlich hatte Fred auch eine Handfeuerwaffe im Handschuhfach, wie sich das für einen richtigen Amerikaner gehört.

Am Flughafen angekommen, wütete das Gewitter direkt über dem Flughafen und wir mussten warten. Nach circa einer Stunde landete eine Golfstream 650. Nachdem alle Passagiere ausgestiegen waren und der Pilot seine Außenchecks erledigt hatte, fragte ich ihn, wie es dort oben aussehen würde. Der überheblich arrogante Pilot meinte nur ganz cool: »Kein Problem«. Dabei war es ein wirklich heftiges Gewitter ... Das ist das Problem beim Fliegen: Man trifft auch manchmal sehr arrogante Menschen. Die vergessen haben, dass sie auch mal klein angefangen haben. Nach einer Stunde war das Wetter wieder besser und wir konnten endlich nach San Diego starten. Der Flug nach San Diego war ein Lehrbuchflug. Alles funktionierte einwandfrei, bis auf die Druckkabine. Wir testeten den zweiten Transponder und machten ein paar Überprüfungen der Technik. Der ILS-Anflug auf Montgomery verlief vorbildlich. Die Nadel war »perfectly centered«, wie Yura das immer sagt. Wir stellten das Flugzeug am FBO ab. Zwei Jungen kamen uns schon entgegen und empfingen uns mit offenen Armen. Wir wiesen die Jungs an, die Maschine mit 100 Litern AvGas zu tanken. Kurz nachdem wir das Flugzeug verlassen hatten und mit unseren Taschen das Terminal erreichten, baten die beiden Jungs um eine Unterschrift für das Benzin, damit sie mit dem Tanken anfangen konnten. Ich las mir den Zettel durch und sah, dass die beiden Herren Jet-Benzin tanken wollten. Zum Glück war das noch rechtzeitig aufgefallen.

Sabine stand schon am Terminal bereit und holte uns ab. Sie ließ im Auto die letzten zehn Jahre ihres Lebens Revue passieren und wir lachten. Nachdem Sabine uns im Hotel am Strand abgesetzt hatte, trafen wir uns später alle zum Essen. Alle, das waren ein paar alte Freunde von früher, unter anderem auch eine Fluglotsin, eine Hafenarbeiterin, ihre Kinder und eine Freundin von Yura. Wir aßen und ließen uns ein paar Getränke kommen. Alle Leute um uns herum waren gute zehn Jahre jünger und die Musik spiegelte deren Geschmack wider. Pacific Beach ist einfach etwas für junge Menschen und nicht für die Älteren wie uns. Nach ein paar Margaritas war es für mich an der Zeit ins Bett zu gehen. Außerdem zeigte die Uhr inzwischen eins an und die Sperrstunde in Südkalifornien war erreicht. Am nächsten Morgen verabredeten wir uns zum Frühstück am Strand. Bei tollem Sonnenschein und sehr angenehmen Temperaturen fiel es schwer, San Diego zu verlassen. Yura wollte unbedingt nach San Francisco fliegen und eine seiner Freundinnen sehen, da es mit der Dame letzte Nacht nicht geklappt hatte. Nach dem Frühstück erfuhr Yura, dass seine Angebetete in San Francisco arbeiten musste und es deshalb nicht klappte. Da hoffte ich schon auf eine weitere Nacht in San Diego, aber Yura musste am nächsten Tag mit seiner brasilianischen Freundin nach Mexiko fliegen. Der Flug ging schon um zehn Uhr morgens in Medford, Oregon los. Auf einen Nachtflug hatten wir beide keine Lust mehr. Wir waren die letzten Tage schon zu oft nachts geflogen. Also beschlossen wir, direkt in Richtung Oregon aufzubrechen. Sabine fuhr uns mit ihrem Minivan an den Flughafen. Am Flughafen beschlossen wir, auf 500 Fuß die Küste entlang zu fliegen und dann die Küste nördlich in Richtung Los Angeles. Die IFR Clearance holten wir uns in der Luft ab. Danach flogen wir nach Sacramento, um zu tanken. Wir wählten Sacramento (McClelland Airfield) da der Sprit hier über 30 Prozent billiger war. Der Flugplatz war schön anzufliegen und die Landebahnen ausreichend auch für große Flugzeuge. Wir tankten die Maschine voll und machten uns auf den Weg nach Grants Pass in Oregon. Auf dem Boden erstellte ich den Flugplan. Yura tankte die Maschine voll und übernahm alle Checks. Nach dem Start flogen wir direkt Richtung Norden mit dem Ziel Oregon. Nach 40 Minuten tauchten wir in die Wolken ein und wurden ein wenig durchgeschüttelt. Mittlerweile wurde es dunkel. Wir sprachen den Anflug auf Grants Pass durch. Der Anflug auf Oregon ist nicht gerade der einfachste, da es nur einen GPS-Anflug gibt. Wie bereits erwähnt, befindet sich Grants Pass in einem Tal. Es ist links und rechts von 2000 Meter hohen Bergen umgeben. Der Anflug in das Tal muss genau passen. Nachdem wir das Wetter von dem Fluglotsen bekommen hatten, wurde uns klar, dass der Anflug bis an die Untergrenze gehen wird. Wir waren gut vorbereitet. Es konnte losgehen. Ich flog den GPS-Anflug mit einem Hold und anderen Raffinessen. Wir wurden ganz schön durchgeschüttelt. Nach dem Final-Approach-Check ging ich die Checkliste durch: Fahrwerk ausfahren, Propeller einstellen, Gemisch: voll reich und dann Landlicht an. Doch dann passierte es. Mitten in den Wolken (IMC) ging das gesamte GPS aus. Die ganze Avionik war tot und wir hatten auch keinen Funkkontakt mehr. Yura rief sofort:

»Max, go around! Climb, climb!«

Was war passiert? Der Hauptschalter für die gesamte Avionik war direkt neben dem Schalter für die Landescheinwerfer. Dazu kam noch, dass beide gleich aussahen. Das Ganze jagte mir einen gehörigen Schreck ein. Zum Glück reagierte Yura so professionell. Wir kletterten schnellstmöglich so hoch, wie wir konnten in Richtung der nicht ganz so hohen Berge. Dann war auch die Avionik wieder hochgefahren und wir hatten wieder Funkkontakt. Der Fluglotse hatte uns wieder auf dem Radar und wir konnten nochmals den Anflug programmieren und briefen. Der zweite Anflug verlief ohne Komplikationen und am Boden mussten Yura und ich einmal tief durchschnaufen.

Das war bis jetzt mein größtes Missgeschick beim Fliegen. Jeder Pilot macht Fehler und man muss darüber sprechen, damit andere den Fehler nicht auch machen. Was habe ich daraus gelernt? Immer den Anflug briefen inklusive GPS-Ausfall. Immer alles, was du als Nächstes tust, laut ansagen, damit der Co-Pilot weiß, was los ist. Wenn man nicht selber fliegt, achtet man auf ganz andere Dinge. Man muss immer wissen, wo man ist und welche die höchsten Hindernisse um einen herum sind.

DEBRIEFING UND SERIOUS TALK MIT DAVID

Nachdem N6MK abgestellt worden war und wir uns von dem Schreck erholt hatten, trafen wir David unseren Ansprechpartner sowie Eigentümer der Flugzeugwerft. David betreibt auch ein anderes Unternehmen, indem er 340er Cessnas und Conquest Cessnas verchartert. Nachdem wir David die Geschichte erzählt hatten, lehnte er sich zurück und meinte, das Gleiche wäre auch einem seiner Piloten passiert und deshalb wurde der Schalter in allen seinen Flugzeugen an eine andere Stelle verlegt und auch gegen einen Schutzschalter ausgetauscht. Jetzt waren wir auch wieder beim Thema. Ich machte David sehr deutlich klar, dass ich diesmal fast umsonst in die USA gereist war, weil er sich nicht wirklich um das Flugzeug gekümmert hatte. Danach gab ich ihm eine Liste mit Dingen, die er, bis ich das nächste Mal kommen sollte, erledigt haben musste. Das waren Punkte wie: Endlich die Druckkabine zu reparieren, Zusatztanks für die Überführung einzubauen, den Hauptschalter für die Avionik umzubauen und die Jahresprüfung durchzuführen, die im März 2019 fällig wurde. Wir beschlossen, dass wir das Flugzeug in ca. 3 Monaten komplett repariert in Empfang nehmen würden. Am nächsten Tag ging es für Yura nach Mexiko und ich flog abends wieder nach good old Germany.

DIE FLUGSCHEINUMSCHREIBUNG

Ende März versuchte ich, ein zweites Mal mein PPL A für die Einmotorige umzuschreiben. Also wieder ein Wochenende nach Berlin. Ich flog mit einem Fluglehrer aus Österreich, sein Name ist Harald. Harald, ist ein waschechter Österreicher. Er war lustig und höflich. Er flog oft nach Afrika und machte dort mit verschiedenen Flugzeugen Vermessungsarbeiten aus der Luft. Wenn es die Zeit zuließ, arbeitete er für ein paar Tage als Fluglehrer. Harald wurde mir direkt nach meiner Ankunft zugeteilt. Wir flogen am Abend und er meinte, er sehe sofort, dass ich fliegen könne, jedoch hatte ich Probleme mit dem deutschen Funken. Hier zeigte sich, dass ich wenig bis fast gar nicht in Deutschland geflogen war. Die Orientierung und das Fliegen fielen mir leicht und Harald war ein super Fluglehrer. Die Landungen verliefen super und die 172 machte keine Anstalten zu versagen. Leider war das Wetter schlecht und wir konnten an diesem Tag nicht durch die Kontrollzone Berlin fliegen. Harald bat mich, noch ein wenig Theorie zu lernen und am nächsten Tag wollten wir, wenn es das Wetter zulassen würde, durch die Kontrollzone fliegen. Abends war ich wieder in dem Motel am Flughafen untergebracht. Ein sehr toller Flughafen, an dem auch ein Flugzeughersteller niedergelassen ist. Am nächsten Tag ließ das Wetter den Flug durch die Kontrollzone zu. Wir flogen über die Pflichtmeldepunkte über Berlin ein, nachdem wir die Freigabe vom Schönefelder Turm bekommen hatten. Alles lief gut, mein deutsches Funken wurde auch immer besser, es wies aber noch Defizite auf. Nach den Angaben von Harald war ich bereit für die Prüfung am darauffolgenden Tag. Abends rief mich Harald nochmals an und ich musste noch ein paar Fragebögen für die Flugschule ausfüllen. Am nächsten Tag war die Prüfung. Der Prüfer wusste von meiner Umschreibung. Die Flugschule hatte ihm auch erzählt, dass ich eine 340er in den USA stehen habe. Los ging es um zehn Uhr mit dem Theorieunterricht. Es begann mit Standardsachen, wie Flugplanung durchsprechen, Weight und Balance. Danach ging es um die Geschwindigkeiten. Strömungsabriss beschreiben bis hin zur Sinkratenberechnung. Danach fragte mich der

Prüfer verschiedene Sachen aus dem Handbuch der Cessna und ich sollte unterschiedliche Szenarien lösen. Der Prüfer wollte mich auf Herz und Nieren prüfen, das war auf jeden Fall klar. Nach 3,5 Stunden Theorie meinte er: »Okay die Theorie hast du bestanden. Wir gehen fliegen.«

Harald hatte mich schon im Vorhinein auf ein paar Marotten des Prüfers hingewiesen. Spätestens jetzt stellte ich fest, dass der Prüfer mir beim Fliegen genauso viel abverlangen würde, wie bei der Theorieprüfung. Beim Preflight erklärte ich, was ich tat, und er meinte irgendwann, ich solle einfach machen und nicht reden. Okay, ich war es gewohnt, alles, was ich im Flugzeug tat, meinem Co-Piloten weiterzugeben. Ich bin immer noch der Meinung, dass gute Kommunikation im Flugzeug unter zwei Piloten ein Muss ist. Nach dem Außencheck sprach ich die Aktion, die ich als Nächstes vorhatte laut aus. Dann fragte mich der Prüfer, ob ich nicht etwas vergessen hätte. Ich war verwundert, überlegte kurz und antwortete dann aber: »Nein, ich bin der Checkliste gefolgt.« Dann fragte ich ihn, was ich denn vergessen haben sollte. Er meinte nur, dass alles korrekt war, er wollte nur nachfragen. Er meinte, das wäre ein Prüfungsflug und ich solle einfach machen und nichts kommentieren. Okay, ich holte mir die Startfreigabe und hob ab. Zwei Landungen später wollte er schließlich eine Zielübungslandung. Das heißt, man fliegt parallel zur Landebahn und simuliert einen Motorenausfall. Das hieß für mich: Gas zurückziehen, mit 45 Grad eindrehen und mit der besten Glide Speed sinken. Ich sah ein Flugzeug und sagte, dass ich diese Übung abbreche, weil das Flugzeug mir zu nahe sei. Daraufhin meinte der Prüfer, dass dann die Prüfung aber vorbei sei. Dann sagte ich zu ihm, dass mir die Sicherheit vorginge. Dann meinte er: »Okay gut gehandelt, aber ohne Ziellandeübung bestehst du nicht.« War ich jetzt durchgefallen oder nicht? Ich fing wieder an zu steigen und er fragte mich, was ich mache, ich solle mit ihm reden. Ich sagte zu ihm, dass ich wieder auf Flughöhe steigen werde und das Ganze in der nächsten Runde versuchen würde. Er meinte, ich solle landen. Daraufhin antwortete ich ihm, dass ich zu nahe am Flugzeug wäre. Er bestand auf die Landung, da sonst das Ding gelaufen sei. Okay, also Gas raus und runter. Als ich dem Flugzeug zu nahekam, startete ich durch. Er sagte: »Gut. Durchstartübung auch erledigt.« Ich wurde immer nervöser mit diesem Prüfer. Menschlich fanden wir beide sowieso keinen Draht zueinander. Jetzt meinte der Prüfer, ich solle meinen Flugplan fliegen. Ich fing an, den Flugplan zu fliegen. Rief beim Schönefeld-Turm an und bekam die Freigabe. Alles verlief gut. Ab und zu sagte der Prüfer: »I have control«, und zeigte mir die Sehenswürdigkeiten von Berlin. Nach Verlassen der Kontrollzone sagte er, ich solle ihn nach Strausberg fliegen. Gesagt, getan. So folgte ich den Straßen. Als ich in Strausberg ankam, erzählte er mir, dass es noch einen viel einfacheren Weg gegeben hätte. Ich versuchte, ihm zu erklären, dass ich lieber den sichereren Weg fliege, da ich noch nie dort war. Die Landung in Strausberg war nicht besonders gut aber auch keine ganz schlechte. Nach einem kurzen Debriefing und einer Wurst im Flughafengebäude ging Teil zwei weiter. Nach der Landung sollte ich meinen Flugplan zurückfliegen. Auf dem Weg sagte er mir, ich solle zu dem VOR fliegen. Das tat ich auch, aber meine Nadel war zwei Punkte nach rechts verschoben. Er fragte mich, ob dies mein Ernst sei. Ich solle die Nadel gefälligst in die Mitte bringen, sonst wäre der Flug hier vorbei. Irgendwie hatte ich das Gefühl, der Flug wäre bei jeder Kleinigkeit sofort vorbei. Ich tat, wie befohlen. Danach ließ er mich das VOR von verschiedenen Gradzahlen ansteuern. Diese Übung machte ihm Spaß. Beim Intercepten meinte er noch, er schaue aus dem Fenster, nicht dass ein reicher Junge mit seiner 340er vorbeifliegt. Man kann sich die anderen Bemerkungen des Prüfers sicherlich auch vorstellen, aber ich denke, man muss nicht näher darauf eingehen. Nach der Landung waren wir erst 3,5 Stunden geflogen und es war bereits 19 Uhr. Um zehn Uhr hatte die Prüfung begonnen.

Nach der Landung ließ er mich im Ungewissen und dann kam Harald auf mich zu und meinte, dass ich bestanden hätte. Ein sehr komischer Prüfer, der immer noch in der guten alten nostalgischen Ostzeit lebt. Ich muss ehrlich sagen, ich war schon lange nicht mehr so verunsichert, wie bei dieser Prüfung. Egal ich hatte den PPL erfolgreich umgeschrieben.

DIE JÄHRLICHE INSPEKTION

Die Jahresinspektion oder Annual für die 340er war gekommen. Das heißt, das ganze Flugzeug wird einmal komplett auseinandergebaut und alles wird überprüft. Dabei kam ein kaputter Turbolader am rechten Motor zum Vorschein. Vorteil des Ganzen war, dass der Fehler der Druckkabine endlich gefunden und behoben werden konnte. Die Kosten für die Druckkabine wollte ich auf den vorherigen Eigentümer umlegen, denn dieser hatte mir schriftlich garantiert, dass die Druckkabine funktionieren würde. Nachdem ich dem Eigentümer geschrieben hatte, wollte dieser nichts mehr davon wissen. Nach

Rücksprache mit ein paar Anwälten in den USA meinten diese, ich solle das nicht durchziehen, da die Chancen nur 50/50 stehen. Wieder einmal hatte ich Lehrgeld bezahlt. Während der Inspektion ließ ich einen JDM 960 einbauen. Das ist ein Monitor, der die genaue Zylindertemperatur in jedem einzelnen Zylinder anzeigt. Dies hilft Sprit zu sparen und gibt einen Einblick in den Motor. Nachdem David meinte, alles wäre bis Anfang Mai erledigt, buchte ich einen Flug für den 9. 5. 2019 nach Grants Pass.

USA: WEST TO EAST AND BACK

Angekommen in Grants Pass war das Flugzeug natürlich nicht startklar. Es musste erst noch mal Probe geflogen werden. Da ich bereits über 14 Stunden unterwegs war, wollte ich das Flugzeug nicht gleich testfliegen. Dies erledigte der hausinterne Pilot. Am nächsten Morgen wurden noch kleinere Dinge behoben und das Flugzeug als einsatzfähig deklariert. Ich flog das Flugzeug am nächsten Morgen Probe und es funktionierte alles von der Druckkabine bis hin zu den Motoren. Ich war sehr zufrieden. Am nächsten Morgen sollte die Reise quer durch die Staaten beginnen. Ich freute mich auf den Trip. Die Route von der West- an die Ostküste planten wir anhand von Spritpreisen, da die Preise pro Gallone von 2 bis 3,5 Dollar variieren. In der Regel kann man sagen, dass die internationalen Flughäfen keine kleinen Luftfahrzeuge haben möchten und daher den Benzinpreis dementsprechend erhöhen. Aus diesem Grund werden in dieser Geschichte Flughäfen auftauchen, von denen man noch nie etwas gehört hat. Nachdem wir in Grants Pass aufgebrochen waren, fand sich ein Flughafen im Bundesstaat Idaho. Gooding hieß der Flugplatz, in dessen Umkreis einfach rein gar nichts war. Aber der Benzinpreis war unschlagbar. Nach der Landung tankten wir das Flugzeug am Self-Service-Point. Gegenüber der Tankstelle befand sich ein Pilotenraum, indem man die Routenplanung für die weitere Strecke machen konnte. In dem sehr sauberen und ordentlichen Raum gab es einen Verkaufsautomaten für Chips und Cookies. Wir deckten uns hier ordentlich für den Trip ein. Nachdem der Flugplan aufgegeben und bestätigt worden war, widmeten wir uns dem Flugzeug. Nach jedem Tanken sollte man das Benzin sich setzen lassen. Dann muss man das Benzin am untersten Punkt ablassen. Dies macht man, um den Dreck und das Wasser aus den Tanks zu bekommen. Beim Benzin ablassen stellten wir fest, dass sich viel Wasser in beiden Zusatztanks befand. Wir ließen so viel Benzin ab, dass kein Wasser mehr im Tank war. Wir mussten das Wasser im Tank definitiv beobachten. Weiter ging es nach Colorado Springs. Wir flogen diesmal wieder über die Rocky Mountains. Diesmal allerdings ohne Komplikationen. Wir stellten nur fest, dass sich die Deicing Boots nicht richtig aufbliesen. Die Deicing Boots benötigt man, um angesammeltes Eis loszuwerden.

Der Flug über die Rockies ist einfach beeindruckend. Das muss man ganz klar sagen. Natürlich ist das Fliegen über die Rockies sehr turbulent. Die schneebedeckten Gipfel sind definitiv eine Erscheinung. Die Nacht verbrachten wir in Colorado. Am nächsten Tag wollten wir unbedingt Pikes Peak sehen. Ich denke, Pikes Peak ist in Deutschland bekannt, seit Walter Röhrl 1987 die Bestzeit auf der Schotterpiste hingelegt hat. Das war also ein Muss auf unserem USA-Trip. Gesagt getan. Am nächsten Morgen ging es den 4300 Meter hohen Berg mit dem Auto nach oben. Einfach unglaublich wie die Jungs mit ihren Rennwägen die Strecke bezwingen. Links und rechts geht es mehrere hundert bzw. tausende Meter nach unten. Yura fuhr mit 60 km/h hoch und mir war schon dabei ziemlich mulmig zu Mute. Kaum zu glauben, dass die Rennwägen die Strecke mit über 170 km/h bezwingen. Aufgrund der Höhe des Berges kann man schnell die Höhenkrankheit bekommen. Das Rennen ist eine Qual für Mensch und Maschine. Oben angekommen erwartet einen die Bergstation mit einem wunderbaren Ausblick. Bei der Talfahrt mit dem Auto wird man auf halber Strecke von einem Ranger in einem Kontrollhäuschen angehalten. Der nette Ranger kontrolliert mit seiner Temperaturpistole die Temperatur der Bremse. Diese darf nicht zu heiß sein, sonst muss man warten, bis sie wieder abgekühlt ist.

Nachdem wir Pikes Peak erkundet hatten, wurde es Zeit, weiterzufliegen. Schließlich wollten wir in sechs Tagen bis an die Ostküste fliegen. Nachdem wir das Flugzeug getankt und das Wasser aus den Tanks abgelassen hatten, stellten wir einen Riss im Höhenruder fest. Das GFL war gerissen. Das musste dringend repariert werden. Nach Rücksprache mit Dave unserem Mechaniker meinte dieser, wir sollten das GFL einfach anbohren, um die Spannung des Risses zu stoppen, und dann das Loch mit Sekundenkleber füllen. Die Bohrmaschine gab es beim FBO. Den Sekundenkleber mussten wir im Baumarkt holen. Nach einer Stunde Reparatur waren wir wieder startklar.

Yura und ich am Pikes Peak

Do-it-Yourself! Bei der Notreparatur in Colorado.

Unser nächstes Ziel sollte Fort Smith im Bundesstaat Arkansas sein. Was gibt es da? Rein gar nichts außer günstiges Benzin. Also vergessen wir den Flugplatz einfach schnell. Östlich der Rockies ist Amerika sehr flach und es gibt wenig zu sehen.

Aber unser eigentliches Ziel war ja auch New Orleans. Also auftanken in Arkansas und dann weiter nach New Orleans. Während des Flugs stellte sich heraus, dass sich die Deicing Boots gar nicht mehr aufbliesen. Irgendetwas war kaputt gegangen auf dem Flug. Grundsätzlich verlief der Flug aber sehr gut. Wir hatten seit unserem Start in Grants Pass einen konstanten Rückenwind von circa 30 Knoten. Das freute uns natürlich. Auf dem Rückflug würde das bestimmt anders aussehen. Wir landeten um zwei Uhr nachts Ortszeit in New Orleans und freuten uns riesig auf diese Stadt im Bundesstaat Louisiana. Vielleicht ist dem einen oder anderen die Bourbon Street ein Begriff. Wir stellten das Flugzeug ab und fuhren ins Hotel. Dort legten wir die Koffer ab und zogen los. Sagen wir es so. New Orleans ist nicht gerade sauber. Die Straßen sind unglaublich dreckig und die Höflichkeit lässt zu wünschen übrig. Das angeblich 24 Stunden pulsierende Nachtleben lernten wir nicht kennen. Auch die Hotels sind sehr teuer. Wir waren enttäuscht. Ich hatte mir die Stadt definitiv anders vorgestellt.

Nach dieser Enttäuschung beschlossen wir, am nächsten Morgen zeitig weiter zu fliegen. Unser Ziel war Vera Beach in Florida. Yura hatte hier mal wieder eine Freundin sitzen. Nachdem wir die Maschine getankt hatten und unsere Do-it-yourself-Reparatur am Höhenruder sehr gut gehalten hatte, flogen wir weiter. Auf halbem Weg zu unserem Ziel kam uns ein Gewittersturm in die Quere. Eine kurze Abstimmung mit dem Fluglotsen und wir beschlossen, die Route nach Panama City in Florida zu ändern. Die Planänderung wurde mit dem Fluglotsen abgestimmt. Nach der Landung ging es zum FBO. Nachdem wir das Flugzeug geparkt hatten und ausgestiegen waren, kam uns schon der erste Tankwagen mit einem Spritpreis von 7,5 Dollar die Gallone entgegen. Wir hatten im Durchschnitt nur 4 Dollar bezahlt. Ein Unterschied von 570 Dollar! Ich sagte dem Tankwagenfahrer, dass wir noch genaue Benzinberechnungen machen müssten, dann würde ich ihm Bescheid geben. Der Tankwagenfahrer gab sich damit zufrieden. Wir bemerkten, dass auf den Motoren ein leichter Schmierfilm war. Dies wollten wir von einem Mechaniker begutachten lassen, da wir nicht genau wussten, was die Ursache war. Ein Angestellter des FBOs empfahl uns einen Mechaniker und bot uns an, uns direkt dorthin zu bringen.

Was für ein Service! So etwas gibt es nur in den USA. Beim Mechaniker angekommen schnappte dieser sein Werkzeug und fuhr mit seinem Golf-kart zu unserem Flugzeug. Nachdem er die Motorenabdeckung an beiden Motoren abgebaut und sich die Sache angeschaut hatte, stellte er fest, dass dies normal sei und von dem neu installierten Auspuff käme. Wir baten ihn nochmals, die Motoren in Augenschein zu nehmen und das Wastegate zu schmieren. Zudem baten wir ihn, den Öldruck des rechten Motors an-zupassen, da dieser immer niedriger angezeigt wurde, als er in Wirklichkeit war. Natürlich war der Motor noch heiß und der Mechaniker verbrann-te sich ein wenig, aber er bekam das mit einem Lächeln hin. Wir waren erleichtert, dass alles okay war, und freuten uns weiterfliegen zu können. Der Mechaniker wollte für seine Arbeit 100 Dollar, was vollkommen okay war. Nun mussten wir nur noch das Problem mit der Landegebühr lösen. Hier ließ ich meinen deutschen Charme spielen und wir mussten gar nichts bezahlen. Das Gewitter hatte sich verzogen und wir konnten weiterfliegen. Vorher suchten wir noch einen nahegelegenen Flughafen mit günstigem Benzin. Wir fanden diesen in Keystone in Florida. Er war circa eine Flug-stunde entfernt. Beim Anflug wurden wir vom Fluglotsen zurechtgewiesen, da wir auf der Anflugkarte einen kleinen Hinweis übersahen. Beim Instru-mentenanflug hätten wir das Hold vorher anmelden sollen. Dies stand zwar auf der Karte, aber wurde irgendwie von uns übersehen. Nach der Landung wusste ich auch, warum das Benzin so günstig war. Die Tankstelle war für kleine einmotorige Flugzeuge ausgelegt und nicht für zweimotorige. So mussten wir die alte Lady an die Tankstelle schieben und wieder heraus. Nach dem Tanken und der Flugplanung ging es weiter nach Vera Beach in Florida. Yura wollte dort ja eine seiner Freundinnen treffen. Er warnte mich schon vor und sagte, dass seine Freundin ein wenig kräftiger sei. Wie kräftig sie war, konnte ich mir allerdings nicht vorstellen. Das Fliegen in Florida war ungewohnt. Alle 30 Minuten gab es eine neue Clearance. Außerdem fliegt man immer mit dem Wissen, dass sich unter einem Unmengen Al-ligatoren, Schlangen und sonst irgendwelche komischen Tiere befinden. Wir flogen am Weltraumbahnhof Cape Canaveral entlang. Die Lande-bahnen sind geschätzte 4500 Meter lang – die längsten Landebahnen in den USA. Natürlich war die Landebahn sehr gut zu sehen. Man muss sich immer schön an die vorgeschriebene Route halten, sonst kann es sein, dass plötzlich zwei Abfangjäger neben einem auftauchen und einen freundlich zum Landen zwingen. Wir waren in nur zwei Tagen von der Westküste an die Ostküste geflogen. Das waren circa 2400 nautische Meilen. Das Flugzeug hatte gehalten, nur die Deicing Boots waren immer noch kaputt.

Sonnige Aussichten im Cockpit

Erschöpft und glücklich verließ ich das Flugzeug in Vera Beach. Wir landeten so spät in Vera Beach, dass wir den Flughafen nicht mehr auf normalem Weg verlassen konnten. Wir mussten also über den Zaun klettern, wo uns Yuras Freundin bereits erwartete. Man war das ein Brummer. Er meinte nur leise, sie wäre ein wenig dick. Yura umarmte sie und hielt Händchen mit ihr, als ob sie die einzige Freundin wäre. Am Abend gingen wir alle steil. Vera Beach ist jedoch eine Rentnerstadt und alles war bereits geschlossen. So kauften wir drei in der letzten Bar ein paar Flaschen Wein und tranken am Strand. Wir mussten schließlich unsere »Westcoast to Eastcoast«-Reise begießen. Es war ein toller Abend! Danach legte ich mich ins Hotelzimmer. Am nächsten Tag sollte es weiter nach Miami gehen. South Beach was waiting for us. Um zehn Uhr standen Yura und seine Freundin bei mir im Hotel und warfen mich aus dem Bett. Wir wollten nach Miami fliegen. Yura lud kurzerhand seine Freundin ohne mein Wissen ein. Platz im Flugzeug hatten wir auch für jemanden ihres Kalibers. Wir packten die Sachen im Hotel zusammen und fuhren zum Flugplatz. Das Flugzeug wurde betankt und los ging es nach Miami Beach. Wieder flogen wir durch einen kleinen Sturm und wurden durchgeschüttelt. Unter uns die Everglades und ihre Bewohner. Wenn man über Florida fliegt, erkennt man erst, wie unbewohnbar der Bundesstaat eigentlich ist. Das Wetter änderte sich blitzschnell. In einem Moment gewittert es und im nächsten strahlt der schönste Sonnenschein. Der Luftraum war sehr dicht besiedelt und man hörte auf dem Funk alle möglichen Nationalitäten.

Spektakuläre Aussichten beim Anflug auf Miami

Die Landung in Miami verlief gut: Das Flugzeug konnte wiederverwendet werden und alle waren heil am Boden. Yura bestellte ein Taxi ins Hotel in South Beach. Wir schliefen alle zu dritt in einem Hotel, zum Glück gab es zwei Betten. Ich inspizierte den Ocean Drive und beobachtete die Leute. South Beach ist Show und Protz in allerhöchster Form. Wenn man die Straße entlangläuft, kommt man sich vor wie auf Mallorca. Jeder versucht, einen mit Gutscheinen und Angeboten in sein Restaurant zu locken. South

Beach ist wirklich das amerikanische Mallorca. Der kubanische Einfluss ist ebenfalls nicht zu leugnen. Nach einem tollen Essen und ein paar Drinks war ich so müde, dass ich mich mal hinlegen musste. Yura und die Maus wollten noch ein wenig steil gehen. Ich war froh, alleine einschlafen zu können. Am nächsten Morgen war die Zeit gekommen, Yuras Angebetete in Vera Beach abzusetzen, und wieder in Richtung Westen zu fliegen. Man kann sagen, dass Miami mit Abstand die höchsten Spritpreise und den schlechtesten Service an den Flughäfen aufweist. Dafür besticht Miami durch den Strand und das gute Wetter. Nach einer guten Stunde landeten wir wieder in Vera Beach. Der Flug dorthin verlief unspektakulär. Nur ein paar Wolken und keine Gewitterstürme. Nachdem sich Yura verabschiedet hatte, wollten wir soweit wie möglich in den Westen fliegen. Der erste Benzinstopp war in Ozark-Blackwell Field in Alabama geplant. Eine sehr öde Gegend, in der es nicht viel zu sehen gibt. Dieser Flughafen besaß einen Instrumentenanflug und war top ausgestattet. Auf dem Flug nach Blackwell mussten wir mehrere Gewitter umfliegen und wurden dabei kräftig durchgeschüttelt. Nach dem Tankstopp in Blackwell hatten wir fast keine Kontamination mehr im Tank. Die alte Lady musste einfach fliegen. Das lange Stehen tut ihr nicht gut und sie bekommt kleinere Wehwehchen. Weiter ging es nach Texas beziehungsweise Arlington. Der Nachtflug dauerte ungefähr drei Stunden. Es gab keine Turbulenzen und der Flug war sehr ruhig. Wir flogen über ein unbesiedeltes Gebiet mit fast keinen Bergen. Wir waren teilweise mit dem Fluglotsen ganz alleine auf der Frequenz. Das war mir noch nie passiert. Ich hatte sozusagen meinen eigenen Fluglotsen. Nach der Landung in Texas wollten wir beide zu einem richtigen BBQ-Restaurant. Nachdem das Flugzeug abgestellt worden war, half uns Google, das perfekte BBQ-Restaurant zu finden. Dank des Mietautos des FBO fuhren wir sofort dorthin und schlugen uns die Bäuche voll. Als kleine Anmerkung kann erwähnt werden, dass in Texas eine normale Portion mehr als ausreichend ist. In Texas ist wirklich alles größer. Wenn man hier Rips bestellt, kommt ein ganzes Schwein. Beim Essen beschlossen wir, dass wir weiter nach Albuquerque in New Mexico fliegen wollten. Das würde uns einen enormen Zeitvorteil verschaffen. Nachdem wir das Flugzeug getankt hatten, konnten wir losfliegen. Wir flogen Ost nach West, das heißt, die Zeitverschiebung spielte uns in die Karten. Leider konnte man das von dem Wind nicht behaupten. Wir hatten einen konstanten Gegenwind von 30 bis 40 Knoten. Das macht sehr viel Zeit aus bei solch einer langen Reise. Nachdem wir Arlington verlassen und unsere Reiseflughöhe von 19 000 Fuß erreicht hatten, legten wir die Sauerstoffmasken an. Dies taten wir nicht, weil die Druckkabine nicht funktionierte. Der Sauerstoff half uns, das Maximum aus unseren Körpern herauszuholen. Langsam tauchten die Rocky Mountains in unserem Blickfeld auf. Wir sahen vereinzelt Lichter der kleinen Dörfer. Das war mal eine Abwechslung. Sonst hatten wir seit dem Beginn unseres Nachtfluges fast keine Städte unter uns gesehen. Schon mussten wir uns auf den Anflug nach Albuquerque vorbereiten. Ich muss schon sagen, nach einem fast zehnstündigen Flug fällt das nicht leicht, aber wir waren ja zu zweit. Der Anflug über die Stadt Albuquerque ist beeindruckend. Man fliegt über ein »schwarzes Meer« und dann taucht auf einmal die Stadt wie aus dem Nichts aus. Wir wählten den Flughafen Albuquerque aus, weil wir hier 24 Stunden landen konnten und auch ein Zimmer für die Nacht finden würden. Nach der Landung wurden wir mit dem Follow-me-Fahrzeug zum FBO begleitet. Als wir beide aus dem Flugzeug stiegen, merkten wir unsere Erschöpfung. Wir wollten nur noch ins Hotel und schlafen. Die nette Dame vom FBO organisierte uns ein Zimmer und wir fielen sofort ins Bett. Am nächsten Morgen frühstückten Yura und ich bei Subway gegenüber. Danach ließen wir uns vom Aiport-Shuttle des FBO abholen. Als wir kamen, war der Flieger noch nicht getankt. Wir mussten einige Zeit warten, bis wir abgefertigt wurden. Als uns dann die Rechnung präsentiert wurde, wussten wir, dass wir uns an einem größeren Flughafen befanden. Neben uns waren Flugzeuge in Preisklassen geparkt, die in irgendwelchen Stratosphären liegen. Nachdem ich den Schock für die Rechnung verdaut hatte, waren wir startklar. Wir waren Nummer zehn hinter einer Falcon, deren Preis im zweistelligen Millionenbereich liegt. Nun waren wir an der Reihe: »N6MK cleared for take off, caution wake turbulance.« Man merkte einfach, dass Albuquerque einer der frequentiertesten Flugplätze ist. Es war eine tolle Erfahrung dorthin zu fliegen. Zum Glück waren wir zwei Piloten, sonst wäre das sehr schwer umsetzbar gewesen aufgrund der sich ständig ändernden Taxi Clearances und des hohen Verkehrsaufkommens. Eine tolle Erfahrung, das muss man einfach mal gemacht haben.

Start hinter einer Falcon auf dem vielbesuchten Flughafen Albuquerque

Auf unser nächstes Ziel hatte ich mich schon lange gefreut. Der Grand Canyon. Wir flogen direkt zum Grand Canyon Airport. Der Flughafen befindet

sich direkt am Anfang des Grand Canyons. Von hier starten alle Rundflüge und auch die ganz normalen Flugzeuge, die Touristen über die große Schlucht befördern. Nachdem wir Albuquerque verlassen hatten, wurden wir bis zum Grand Canyon kräftig durchgeschüttelt. Zudem mussten wir noch ein Gewitter umfliegen. Der Anflug auf den Grand Canyon Airport ist sehr tückisch. Es gibt eine Restricted Area und die Höhe des Flughafens macht den Motoren zu schaffen. Bei uns kamen noch die Ausläufer des Gewitters dazu. Wir hatten einen Gegenwind von circa 70 km/h. Beim Landeanflug drehte sich der Wind in alle Richtungen. Doch wir meisterten die Landung auch bei diesen widrigen Umständen. Nachdem wir gelandet waren, wurde der Airport für ein paar Stunden geschlossen, bis das Gewitter vorbeigezogen war. Beim FBO angekommen bekamen wir ein Crew Car zur Verfügung gestellt und fuhren in den Grand Canyon. Wir machten Fotos und schauten uns die wilden Tiere an. Wir zogen das ganze Touristenprogramm in zwei Stunden durch. Schließlich wollten wir ja heute noch nach Las Vegas weiterfliegen. Am Flughafen angekommen erwartete uns eine Gewitterfront, die nicht zu umfliegen war. Wir mussten sie aussitzen. So bekamen wir freundlicherweise das Crew Car wieder und es ging ab zum Mexikaner zum Essen. Nach zwei weiteren Stunden konnten wir den Grand Canyon verlassen. Unser Ursprungsplan war, nach Nord Las Vegas zu fliegen, aber in der Luft hörten wir, dass sich das Gewitter genau über diesem Airport breitgemacht hatte. Also mussten wir umdisponieren. Henderson und Las Vegas International waren offen und konnten angeflogen werden. Da mich die Rechnung von Albuquerque immer noch sprachlos machte, entschieden wir uns für Henderson. Nach einem durchgeschüttelten Flug hatten wir die Anflugfreigabe nach Henderson. Wir landeten sehr unspektakulär in Henderson. Danach ging es mit dem Taxi ins Hotel. Wir nächtigten im Hard Rock Hotel. Dank Yuras Airline zu einer günstigen Pilotenrate. Abends waren wir in den Casinos und hatten Spaß an der Bar. Wir dachten, dass wir am nächsten Morgen einen sehr einfachen Flug haben würden. Doch wir täuschten uns gewaltig. Las Vegas ist eine Stadt, auf die ich mich jedes Mal freue und die mich jedes Mal aufs Neue fasziniert. Hier ist man ein Kind auf einer großen Spielwiese. Am nächsten Morgen war der Plan nach Grants Pass zu fliegen, da ich am folgenden Tag wieder nach Deutschland musste. Yura und ich tranken noch unser Abschlussbier in unserer Pilotensuite und dann schliefen wir ein. Am nächsten Morgen ließen wir es ruhig angehen. Ein sehr ausgiebiges Frühstück stand zuerst auf dem Plan. Irgendwann fragte mich Yura, ob ich das

Wetter gecheckt hätte. Ich hatte es mir angeschaut und es sah ganz okay aus. Wir hatten ein paar Wolken und ein Gewitter, das allerdings sehr weit südlich war. Der Wetterbericht war also okay. Nach unserer Verabschiedung in Las Vegas ging es per Taxi zum Flughafen. Neben der Flugvorbereitung checkten wir natürlich noch mal das Wetter. Der Sturm nahm schnell an Fahrt auf und war in unsere Richtung unterwegs. Die Vorhersagen gaben uns aber noch genug Zeit, vor dem Sturm in Grants Pass einzutreffen. Nachdem wir unsere Clearance bekommen hatten und gestartet waren, verlief die erste Hälfte sehr ruhig. Irgendwann sahen wir auf dem Wetterradar nur noch rot und wir hörten, dass verschiedene andere Flugzeuge Turbulenzen und Eis anmeldeten. Der Fluglotse fragte uns, wie es bei uns aussieht. Wir hatten eine tolle Aussicht, kein Eis und wir wurden nicht durchgeschüttelt. Dies änderte sich, sobald wir die Bergkette überquerten. Wir flogen in die Wolken hinein und wurden durchgeschüttelt. Sofort formte sich Eis an der Scheibe und auf den Tragflächen. Nachdem die Propellerheizung eingeschaltet worden war, schaltete ich auch die Tragflächenenteisung ein. Leider blieb es beim Versuch. Die Deicing Boots zeigten keine Reaktion. Wir mussten sofort handeln und bekamen eine Block Altitude. Das ist ein Höhensektor, in dem kein anderes Flugzeug fliegt. Wir versuchten, höher zu klettern, um das Eis loszuwerden. Wir kletterten von 19 000 Fuß auf 23 000 Fuß. Schließlich waren wir aus den Wolken heraus, aber das Eis wurde nicht weniger. So lange es so blieb, war es okay. Doch vor uns tauchte schon die nächste Wolkenfront auf. Wir mussten noch circa fünf Minuten auf dieser Höhe durchhalten. Danach wurden die Berge erheblich niedriger und wir konnten sinken mit der Hoffnung, dass die Außentemperatur steigen würde.

Wir hatten es geschafft. Wir konnten sinken. In den Wolken hörten wir richtige Einschläge am Flugzeug und die Scheibe war komplett vereist. Auf dem Wetterradar sahen wir, dass es fast unmöglich war, in Grants Pass zu landen. Wir mussten einen anderen Flughafen anfliegen. Wir entschieden uns für den Klimat Falls Airport östlich von Grants Pass. Wir bekamen die Freigabe vom Fluglotsen. Im Flugzeug fühlte es sich inzwischen an, als ob wir beschossen werden würden. Die Scheibe war vereist und die Tragflächen waren ebenfalls mit einer dicken Eisschicht überzogen. Wir hatten nur noch zehn Minuten, bis wir landen würden. Die alte Lady musste noch zehn Minuten durchhalten. Auf einmal hörten wir zwei richtig dumpfe Schläge an der Nase des Flugzeuges. Kurz danach waren wir durch das Gewitter und wir waren im Landeanflug. Wir landeten in kurzen Hosen. Nach

Abenteuerlicher Flug nach Oregon: Das komplette
Flugzeug inklusive Scheibe war mit Eis bedeckt.

der Landung stellten wir das Flugzeug am Terminal ab. Wir schauten uns das
Flugzeug von außen an und konnten ein paar größere Schäden feststellen.
Die Propeller hatten das angesammelte Eis abgesprengt und gegen die an
der Nase angebrachten Prallbleche geschleudert. Diese wurden dadurch
stark beschädigt und hatten größere Risse. Wir waren froh, am Boden zu
sein. Wir warteten drei Stunden, bis der Sturm vorbei war, und flogen dann
nach Grants Pass zurück. Es stellte sich heraus, dass eine Vakuumpumpe
ausgefallen war und die Deicing Boots somit ohne Funktion waren. Das
Ganze jagte uns einen Schrecken ein. Da merkt man mal wieder, wie stark
Mutter Natur ist. Am Abend ging ich früher ins Bett, da ich ziemlich erschöpft war. Am nächsten Tag ging es nach diesem aufregenden Abenteuer
wieder nach Deutschland zurück.

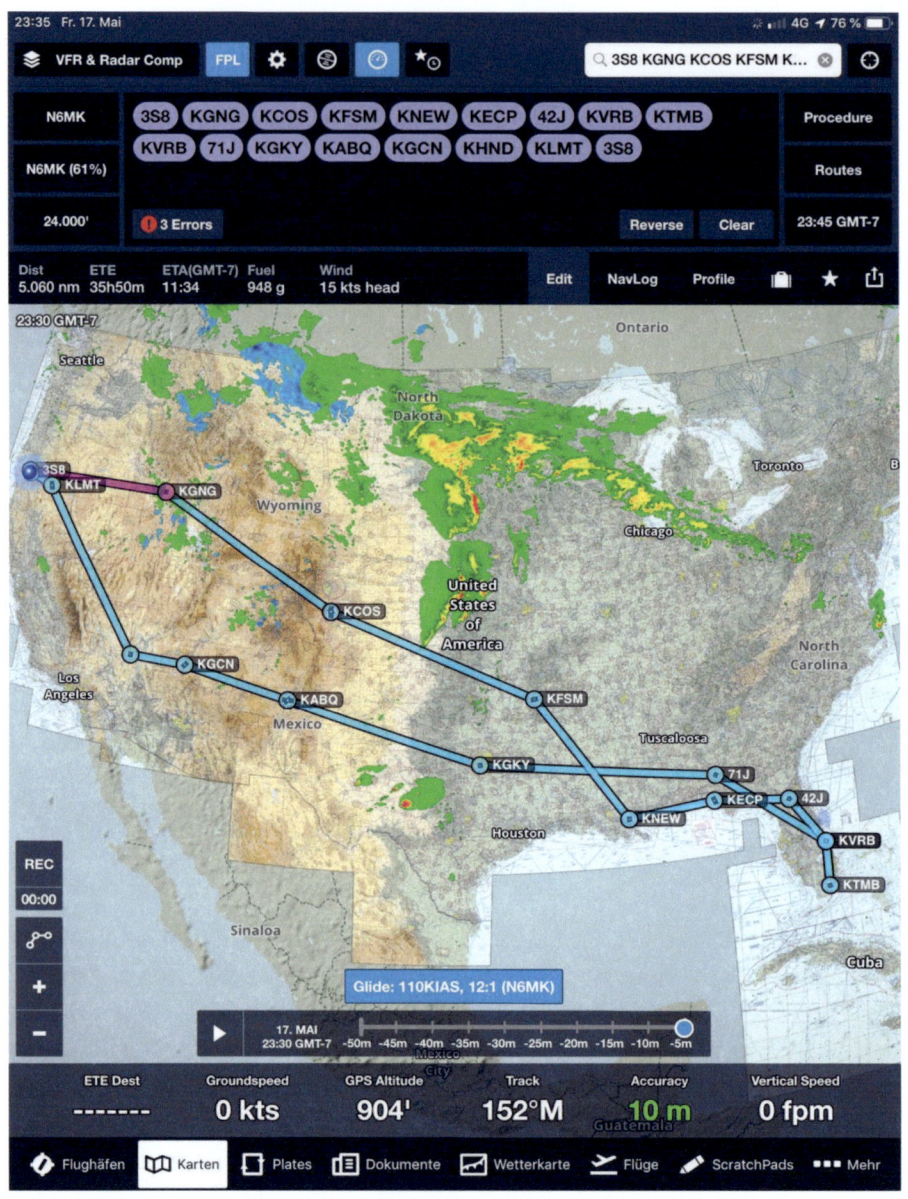

Bilanz: 10 US-Bundesstaaten durchflogen, 5600 Liter Treibstoff verbraucht, 16 verschiedene Flughäfen angeflogen. Reine Flugzeit: 40 Stunden, 10 000 Kilometer geflogen und drei Zeitzonen durchflogen. Quelle: ForeFlight

DIE VORBEREITUNG BEGINNT

5000 METER ÜBER DEM ATLANTIK

DAS ABENTEUER BEGINNT

Am 23. 07. 2019 begann die große Reise. So ging es wieder mit dem Flugzeug von Frankfurt nach San Francisco und dann weiter nach Medford. Am Flughafen holte mich Yura mit einer Mercedes E-Klasse ab. Ich fragte ihn, ob er sich ein neues Auto zugelegt hatte. Er meinte nur, dass ich abwarten solle. Nach einer fünfminütigen Autofahrt um das eine Ende des Flughafens herum, trafen wir fast schräg gegenüber ein. Dort stand die »Old Lady«. Yura war mit dem Flugzeug gekommen, um mich abzuholen. Die E-Klasse war nur ein Mietauto. Yura meinte, wir müssen die »Old Lady« volltanken, da es in Grants Pass keinen Sprit mehr gibt. Nach dem Tanken flogen Yura und ich noch ein wenig in der Gegend herum und testeten die Lady noch mal auf Herz und Nieren.

Natürlich musste der Shop noch ein paar kleine Handgriffe am Flugzeug erledigen, wie zum Beispiel den Ölwechsel.

Die erste Etappe hatte begonnen. Wir flogen nach Bend im Bundesstaat Oregon, um zu tanken und etwas zu essen. Der Anflug auf Bend war sehr schön. Bend ist ein richtiges Urlaubsdomizil in Oregon umgeben von Bergen und Seen. Nach unserer Landung tankten wir das Flugzeug und fuhren in die Stadt, um etwas essen zu gehen. Yura wollte unbedingt zu einer Südstaaten-Kneipe mit typischem Essen aus den Südstaaten. Das Markenzeichen des Restaurants waren Schaukelstühle. Zudem war ein Souvenirladen angegliedert. Natürlich gab es viel Chicken in dem Restaurant. Das Restaurant traf also genau Yuras Geschmack. Meinen eher weniger, da ich Chicken nicht besonders mag.

Nachdem wir uns satt gegessen hatten, fuhren wir mit einem Uber zurück zum Flughafen. Im Taxi machte ich die Flugplanung nach Billings im Bundesstaat Montana. Hier hatten wir vor, die erste Nacht zu verbringen. Der Flug war wieder mal ein Nachtflug über die Rockies, was mittlerweile für uns nichts Besonderes mehr war. Über den Rocky Mountains ist es immer ein wenig turbulent und die Luftmassen sind sehr unstabil. Die Landung in Billings war eine gute Landung, wie man an diesem Buch sehen kann. Jede Landung ist eine gute, wenn den Insassen und dem Flugzeug nichts passiert ist. Billings Montana ist ein sehr unspektakuläres Örtchen. Hier gibt es weder Sehenswürdigkeiten noch andere Dinge zu erleben. Wir hatten Billings nur aufgrund der günstigen Benzinpreise gewählt.

Am nächsten Morgen war ich aufgrund des Jetlags früh wach und schaute mir den Ort genauer an. Yura schlief noch. Mein Freund ist eher der Typ Langschläfer, morgens ist mit ihm nichts anzufangen. Also sprich vor 10 Uhr geht überhaupt nichts. Nach meinem Morgenrundgang in Billings war Yura auch wach. Das Hotelfrühstück war ein typisch amerikanisches Frühstück mit Pancakes und Rühreiern von vor drei Stunden, aber egal es war im Hotelpreis inbegriffen. Das Frühstück mit Yura dauert immer mindestens eine Stunde und dies nicht etwa, weil Yura viel isst. Er benötigt einfach Stunden zum Essen. Er lässt sich dabei auch nicht beschleunigen. Da kann man tun, was man will. Keine Chance. Am nächsten Morgen ging die Flugreise weiter nach St. Paul im Bundesstaat Minnesota. Warum? Die Antwort ist immer die gleiche. Die Flugplanung erfolgte aufgrund der günstigsten Benzinpreise und nicht, um die besten Partys zu feiern oder die schönste Landschaft zu sehen. Also war jetzt St. Paul an der Reihe. Dank ForeFlight war es kein Problem, die Flugplanung in den USA zu machen. ForeFlight ist ein Flugplanungsprogramm, das die Route inklusive Treibstoffverbrauch, Wetter und die zulässigen Routen berechnet. Wie sich herausstellte, funktioniert das nur in den Staaten so einwandfrei. Aber dazu später mehr. Der Flug nach St. Paul ist sehr öde. Wenn man die Rocky Mountains überquert hat, kommt danach für eine Weile nur noch Flachland und genau über dieses Flachland flogen wir gerade. Das Wetter war teilweise wolkig und teilweise ein Traum. Leider funktionierten die Sonnenblenden im Flugzeug nicht richtig und wir klebten einen improvisierten Sonnenschutz an die Scheibe.

Das Wetter macht erfinderisch: Post-its als Schutz vor der blendenden Sonne

Die alte Lady machte ihren Job sehr gut. Wir hatten fast keine Probleme. Das eine oder andere Mal wurde ein Zylinder vom Motor heißer als der andere, aber dies konnten wir durch die Lüftungsklappen sowie die Gemischzufuhr regeln. Der Anflug erfolgte über die Stadt Minneapolis. Eigentlich ist St. Paul der Flughafen von Minneapolis, zumindest für die Privatfliegerei. St. Paul ist ein schöner Flughafen mit einem schönen Business Aviation Terminal. Hier bekamen wir unser Benzin. Ursprünglich wollten wir nach Oshkosh fliegen. Leider wurde das nichts, da ich schnellstmöglich wieder zurück nach Deutschland musste. Oshkosh wäre mit Sicherheit eine Reise wert gewesen. Ich hoffe, dass dies irgendwann einmal klappt. Dort gibt es die größte Airshow der Welt. Das bekommt man nicht alle Tage zu sehen. Aus diesem Grund entschieden wir uns, direkt nach Kanada zu fliegen. Dafür mussten wir erst einmal nach einem Port of Entry suchen. Das ist ein Flughafen mit einer Einwanderungsbehörde am Feld. Da wir auch noch Benzin benötigten, mussten wir einen Flughafen finden, der beides bot. Dies gestaltete sich nicht einfach. Schließlich fanden wir einen Flugplatz mit dem Namen London. Ja genau London nicht in England, sondern in Kanada. Der Flughafen London liegt im Bundesstaat Ontario. Das ist nur ein Katzensprung zur amerikanischen Grenze.

Der Flughafen war gefunden, nun mussten wir die kanadische Einreisebehörde über unsere Einreise informieren. Dies erfolgte über eine Telefonnummer. Dabei mussten wir unsere Daten übermitteln und unsere Ankunftszeit in London mitteilen. Nach dem Telefonat schien für uns die Lage klar zu sein und wir konnten los. Die Flugplanung erfolgte fast problemlos mit ForeFlight. Das Flugzeug war getankt und wir waren startklar. Wir bekamen die Clearance über die Clearance-Frequenz und bekamen auch gleich die Taxi-Erlaubnis dazu. Alles schien super zu laufen. Eine halbe Stunde nach dem Start verschwand die Sonnen und es wurde Nacht. Es war eine sternenklare Nacht, bis wir circa 30 Minuten vor der kanadischen Grenze in die Wolken abtauchten. Wir hatten wieder mal ein wenig Eis am Flugzeug, mit dem unsere Deicing Boots aber locker fertig wurden. Beim Fliegen merkten wir gar nicht, dass wir in Kanada waren, da wir immer noch von den Amerikanern geleitet wurden. Erst bei dem Instrumentenanflug auf London wurden wir zum kanadischen Tower-Lotsen weitergegeben. Die kanadischen Fluglotsen kommentieren alles mit dem Kürzel »Roger«. Das Wort »Roger« fällt immer. Nach der Landung fragten wir den Tower-Lotsen, wo der Zoll sei. Er schickte uns zum FBO und dann wurde der Tower geschlossen. Es war weit und breit kein Handling-Agent oder Zollbeamter zu sehen. Der Tower war auch geschlossen. Die nette Dame vom Zoll meinte am Telefon, dass wir ohne Zollkontrolle auf keinen Fall aussteigen dürften. Wir landeten um 22:30 Uhr in London, stellten die Motoren ab und ließen die Türen geschlossen, dann riefen wir die Zollnummer nochmals an. Die Dame am Telefon war ganz verwundert über unsere Anwesenheit. Denn die Dame, mit der wir zuvor telefoniert hatten, hatte unsere Daten nicht in das System eingegeben. Also mussten wir alle Daten erneut durchgeben. Dann wurden wir an einen anderen Zollbeamten weiterverbunden. Er fragte uns, ob wir etwas zu verzollen hätten und wie lange wir bleiben wollen. Wir erklärten ihm, dass wir nur auf der Durchreise sind und weiter nach Deutschland wollen. Dann wurden wir in die Warteschleife gestellt. Nach zehn Minuten Wartezeit kam der Zollbeamte wieder ans Telefon und fragte uns, ob wir wirklich nur zu zweit wären. Wir bestätigten ihm dies, danach ging es wieder in die

Warteschleife. Nach weiteren zehn Minuten Aufzugmusik wurden wir noch nach unserer Aufenthaltsdauer in Kanada befragt. Nachdem wir erneut erklärt hatten, dass wir nur auf der Durchreise sind, wurden wir wieder in die Warteschleife verwiesen. Nach gefühlten 20 Minuten war der Zollbeamte wieder am Telefon und fragte, ob wir eine Nummer aufschreiben könnten. Ich dachte schon an das Schlimmste. Nachdem die Nummer notiert worden war, meinte der Beamte: »Ok, you cleared custom.« Okay super, die Nummer war nur die Nummer, die unsere Einreise dokumentierte. Sehr schön. Das ganze Einreiseverfahren hat circa eine Stunde gedauert. Wir konnten das Flugzeug nach insgesamt fünf Stunden endlich verlassen.

Nachdem wir ausgestiegen waren und das Flugzeug abgesperrt hatten, war unsere erste Aktion rüber an die Flughafen-Kneipe zu gehen. Da brannte noch Licht. Leider war die Kneipe schon geschlossen, aber das war uns egal. Wir klopften so lange, bis jemand kam, und redeten so lange auf die Wirtin ein, bis sie uns ein Bier verkaufte. Das war bitter nötig. Während wir unser Bier tranken, buchten wir uns schnell ein Hotel über Booking. Dann fuhren wir mit einem Uber ins Hotel. Same procedure as every night. Im Hotel zogen wir uns schnell um und wollten uns dann das Partyleben in London anschauen.

Wir entschieden uns für eine Empfehlung des Uber-Fahrers. Die Location überzeugte. Die Musik war zwar gewöhnungsbedürftig, aber das lag auch sicherlich an unserem Alter. Wir waren gefühlte zehn Jahre zu alt für den Laden. Das Bier und die Stimmung waren allerdings super. Wir tranken gemütlich, bis der Laden um zwei Uhr nachts wegen der Sperrstunde geschlossen wurde. Wir waren sehr glücklich mit dem bisherigen Ablauf unserer Reise. Bis jetzt hatten wir fast keine Probleme mit dem Flugzeug gehabt. Spätnachts fielen wir erschöpft ins Bett. Ich musste am nächsten Morgen früh aufstehen, um die Datenbanken für die GPS-Geräte herunterzuladen. Leider hat das überhaupt nicht funktioniert. Ich hing zwei Stunden am Telefon mit dem Software-Anbieter Jeppesen. Doch es funktionierte einfach gar nichts. Weder der technische Support noch die Verkaufshotline. Ich hatte mir in Deutschland extra schon eine nette Dame vom Verkauf angelacht, die mir bei meinen GPS-Abos half. Die Dame war immer per E-Mail erreichbar, aber als ich ihre Hilfe benötigte, war sie leider nicht zu sprechen. Später erfuhr ich, dass sie drei Wochen krank gewesen war. Pech gehabt.

Nachdem ich niemanden erreichen konnte, musste ich mir eine andere Lösung ausdenken. Zum Glück gab es noch den Anbieter Garmin. Ich kaufte alle Abos einmal neu bei Garmin und versuchte es noch mal. Zum Glück funktionierte dann alles.

Endlich wachte Yura auch mal auf und wir beschlossen zum Frühstück in die Mall gegenüber zu gehen. Ich aß Taco Bell und Yura probierte eine andere mexikanische Küche. Nachdem ich es in Deutschland nicht geschafft hatte zum Friseur zu gehen, ließ ich mir kurzerhand die Haare in der Mall schneiden. Danach ging es zum Flughafen. Dort wurden wir schon erwartet. Es stellte sich heraus, dass wir unser Flugzeug einfach mitten rein geparkt hatten. Die Handler wussten nicht, ob wir die Parkbremse angezogen hatten. Nach ein paar Entschuldigungen von unserer Seite war alles wieder okay. Jedoch ließen sich die Handler beim Tanken unseres Flugzeuges sehr viel Zeit.

Die Flugplanung im Anschluss funktionierte leider nicht mehr so reibungslos. ForeFlight hatte immer Probleme die Abflugzeiten richtig zu übermitteln. Nach vier Versuchen kam dann endlich der Satz »Flightplan received.« Also konnten wir los. Die Flugleitung hatte den Plan erhalten und die Clearance bekamen wir dann vom Tower.

Also alles startklar. Wir starteten die Motoren und bekamen gleich einen Anschiss. Yura schaute mich an und meinte: »Fuck.« Ab jetzt müssen wir jedes Mal nach einem Engine-Start fragen. Willkommen außerhalb der USA! Nachdem wir nun endlich die Motoren starten konnten und auch die Clearance kopiert hatten, konnten wir los. Über uns zog der Himmel schon zu. Die Wettervorhersage hatte das nicht erwähnt. Wir hatten die Startfreigabe und ich schob beide Schubhebel nach vorne. Die alte Lady schnurrte los. Wir sollten die vorgegebene Abflugroute fliegen. Sie lautete: Die Runway Heading fliegen und dann nach rechts direkt zum Funkfeuer abdrehen. Nachdem wir abgehoben waren und circa 1300 Fuß erreicht hatten, hatte die Maschine keine Power mehr zum Klettern, obwohl wir über vollen Schub der Triebwerke verfügten. Wir waren in die Ausläufer des Gewitters geraten und hatten Downdrafts. Ich drehte sofort vom Gewitter ab und Yura teilte dem Fluglotsen mit, dass wir keine Chance mehr hatten zu steigen. Er erteilte uns die Clearance, zu machen, was wir für richtig hielten. Wir drehten vom Gewitter ab. Langsam konnten wir wieder klettern. Die Leistung war wieder zu spüren. Nachdem wir alles wieder im Griff hatten und die alte Lady fröhlich stieg, informierten wir die Flugsicherung, die daraufhin den

Flugplatz für die Zeit des Gewitters schloss. Nachdem wir in der Luft waren und an unserem Abflughafen solche Gewitter herrschten, konnten wir jetzt auch nicht mehr umdrehen, sollten wir noch mal ein Gewitter erwischen.

Wir wollten hoch auf 21 000 Fuß, um das ganze Unwetter unter uns zu lassen. Jedoch bauten sich die Gewitterwolken um uns herum rasch auf. Wir mussten da durch und es war kein Spaß. Kurz nachdem wir in die erste Wolkenschicht eingetaucht waren, war die Frontscheibe vereist. Die Flügel wurden ebenfalls von einer Schicht Eis überzogen. Das hatte definitiv kein Wetterbericht vorhergesagt. Zum Glück wurden unsere Boots mit dem Eis fertig. Die Propellerheizung schleuderte das abfallende Eis vom Propeller gegen das Flugzeug. Das fühlte sich an, wie riesige Hagelkörner, die auf ein Auto prallen. Nach gefühlten 20 Minuten waren wir durch die erste Gewitterschicht. Wir hatten ein wenig Zeit, das letzte Eis von den Flügeln zu bekommen, bevor es in die zweite Wolkenschicht ging. Hier spielte sich das gleiche Spiel nochmals ab. Wie es sich anfühlt, wenn alle möglichen Eisabplatzungen im Flugzeug einschlagen, ist schwer zu beschreiben. Im ersten Augenblick weiß man gar nicht, was das für Geräusche sind, die man wahrnimmt. Yura und ich reden normalerweise sehr viel im Cockpit. Manche würden auch sagen wir diskutieren sehr viel, aber wenn die Lage ernst wird, reden wir beide gar nichts und jeder konzentriert sich auf seine Aufgaben. Yura fliegt normalerweise seine Boeing 767. Er meint, dass die 340 ein sehr komplexes Flugzeug ist und dass die alte Lady sehr viel Erfahrung zum Fliegen benötigt. Für einen Außenstehenden ist das schwer nachvollziehbar, aber jeder, der mal eine Twin Cessna geflogen ist, weiß, wovon ich spreche. Nachdem wir endlich Flugfläche 210 erreicht haben, wird der Flug ruhig und die Turbulenzen hören zum größten Teil auf. Nach zwei Stunden haben wir das Gewitter hinter uns gelassen und fangen mit den Landevorbereitungen an. Plötzlich ist der Himmel strahlend blau und keine Wolke ist zu sehen. So schnell ändert sich das Wetter. Yura und ich haben beschlossen, dass wir, egal wie das Wetter ist, immer den Instrumentenanflug fliegen. Das hat den Vorteil, dass wir uns von keinen optischen Täuschungen irreleiten lassen können und immer sicher zum Flughafen geführt werden. Ebenso kann uns plötzlich auftauchendes Wetter nichts anhaben. Der Nachteil ist, dass die Anflugverfahren länger dauern und mehr Vorbereitungszeit benötigen. Fast vier Stunden nachdem wir London verlassen hatten, setzten wir in Saint-Honoré im Bundesstaat Quebec auf. Wir landen und fahren zur Tankstelle. Als Erstes wollen wir die Schäden des Gewitters begutachten. Die Prallbleche sind etwas mitgenommen, aber dafür sind sie noch da. Sie sorgen dafür, dass das abprallende Eis kein Loch in die Flugzeughaut reißt. Die Farbe bröckelt von den Prallblechen und es gibt ein paar Risse, aber nichts Gravierendes. Die alte Lady hat sich sehr gut geschlagen. Danach schauen Yura und ich uns auf dem Flughafen um. Hier ist nichts. Hier gibt es nur eine Tankstelle und ein Büro, indem man sein Benzin bezahlen kann. Schnell wird klar: Wir fliegen weiter nach Goose Bay! Nach dem Tanken bemerken wir, dass es kein Internet gibt und auch keinen Telefonempfang. Wie machen wir einen Flugplan ohne Internet?

Die Tankwartin ist die einzige Person, die einen Internetzugang besitzt. Sie darf laut ihrem Chef aber niemandem den Zugangscode geben. Nachdem ich mit meinen Charmeattacken am Ende bin, geht die Dame auf die Toilette. Ich wittere meine Chance und schaue hinter ihren Schreibtisch. Dort liegt das WLAN-Passwort! Ich fotografiere das Passwort und schließe mich auf der Toilette ein, um einen Flugplan zu erstellen. Leider ist das Internet so langsam, dass man nicht einmal eine E-Mail verschicken kann. Ich mache einen Flugplan, der einfach nur lautet: Direkt GooseBay. Ich probiere es bestimmt zehn Minuten lang bis ForeFlight endlich meldet: Flugplan angenommen. So nun nichts wie los. Yura fragt mich, ob ich einen Flugplan gemacht hätte. Ich lüge und sage, dass alles passt. Dann sitzen wir im Flugzeug und wollen die Clearance bekommen. Leider haben Urzeit und Datum nicht mit unserem Flugplan übereingestimmt. Ich schildere dem Tower-Lotsen die Problematik mit der Clearance. Zum Glück ist der Lotse sehr hilfsbereit und besorgt uns eine Clearance direkt nach Goose Bay. Wie er das gemacht hat, weiß ich nicht, aber ohne ihn hätten wir mitten in der Nacht einen Sichtflug nach Goose Bay starten müssen. Nachdem wir Saint-Honoré verlassen hatten, fliegen wir Richtung Norden. Unter uns rein gar nichts, nur die unendlichen Weiten Kanadas. Flugplätze zur Notlandung gibt es fast keine. Der Funk ist sehr still und Radar gibt es kaum. Ein sehr ruhiger Flug über die Wildnis Kanadas. Nach drei Stunden tauchen die Lichter von Goose Bay auf und wir sind verwundert, wie klein der Ort Goose Bay ist. Der Tower-Lotse ist sehr hilfsbereit und wir können landen, wo wir wollen, da wir die Einzigen sind. Wir waren ungefähr 5500 Kilometer in drei Tagen geflogen. Wir hatten uns vorgenommen, Goose Bay am nächsten Tag zu verlassen.

UNTERBRECHUNG IN GOOSE BAY

Nach der Landung geht es direkt zu Woodward Aviation. Der Familie Woodward gehört einfach alles in Goose Bay vom FBO bis zum Hotel. Wir werden sehr nett empfangen. Die Reservierung im eigenen Hotel ist selbstverständlich. Nachdem wir eingecheckt haben, wollen wir noch etwas essen gehen. Abends um 22.30 Uhr in Goose Bay keine einfache Sache. Zehn Minuten entfernt ist die einzige Option, noch etwas zu Essen zu bekommen. Wir laufen über ein paar Felder und dann taucht Trapper's Cabin auf. Da stehen ein paar einheimische Inuit vor der Tür. Wir laufen in die Bar hinein und auf einmal werden wir von vier übergewichtigen Türstehern verfolgt. Wir hatten vergessen, die fünf Dollar Eintritt zu bezahlen. Nachdem wir unseren Eintritt bezahlt hatten, konnten wir endlich ein paar Bier trinken und bekamen noch frittierten Fisch dazu. Die Einheimischen feierten auf der Tanzfläche. Die Musik war eine Mischung aus Rapp und 90ern. Dazu wurde getanzt. Das Ganze war sehr amüsant. Wir tranken ein paar Bier und dann sind wir wieder ins Hotel zurück. Wir wollten morgen früh gleich weiter über den Atlantik.

Am nächsten Morgen regnete es und das Wetter lud nicht gerade zum Fliegen ein. Wir beschlossen erst einmal etwas Frühstücken zu gehen und dann würden wir uns um die Flugplanung kümmern. Das Frühstücksrestaurant war auch gleich nebenan und gehörte selbstverständlich der Familie Woodward. Beim Frühstück fiel mir ein Tisch mit zwei Personen auf, die nur auf das Handy und den Laptop starrten. Beide passten nicht nach Goose Bay, genauso wie wir. Ich beschloss, die beiden anzusprechen. Es stellte sich heraus, dass die beiden Herren aus Deutschland kamen und auch ein Flugzeug überführten. Sie waren zu dritt. Der Dritte war noch im Hotel. Man merkte gleich, dass die Sympathie da war. Die drei überführten eine Lockheed Electra von 1937. Ein richtig geiles Flugzeug. Nachdem wir gemeinsam das Wetter angeschaut hatten, beschlossen wir erst einmal zum Flughafen rauszufahren, um zu sehen, ob andere Flugzeuge den Weg wagten. Am Flughafen mussten wir ernüchternd feststellen, dass die 340er ein wenig in Mitleidenschaft gezogen worden war. Die Deicing Boots hatten einen Riss und der Stoßdämpfer des rechten Fahrwerkes musste mit Stickstoff befüllt werden.

Die Lockheed Electra hatte auch ein Problem: ein Ölleck. Also beschlossen wir, die Nacht in Goose Bay zu bleiben und einen Mechaniker zu suchen.

Uns wurde ein Mechaniker empfohlen, der früher an Flugzeugen gearbeitet hatte, und das inzwischen nur noch nebenberuflich macht. Er sagte uns zu, sich das Ganze am nächsten Tag einmal anzuschauen. Yura und ich beschlossen, ein paar Bier trinken zu gehen.

Abends fanden wir uns mit den anderen Jungs zusammen. Wir gingen in eine andere Bar vor Ort und betranken uns. Das Wetter für den nächsten Tag lud auch nicht gerade zum Fliegen ein, zudem mussten die beiden Probleme an der 340er behoben werden.

Am nächsten Morgen waren wir von dem Abend vorher etwas mitgenommen. Ein Gewitter mit heftigen Regengüssen wütete über dem Flughafen. Ein Flug unter diesen Bedingungen war nicht machbar. Am Nachmittag tauchte der Mechaniker Henry auf. Im Gepäck einen Flicken für die Deicing Boots. Stickstoff für den Stoßdämpfer liehen wir uns von Woodward ohne deren Wissen aus. Der Mechaniker reparierte die Schäden in 30 Minuten und verlangte nur 80 Dollar. Wir tranken danach noch ein paar Bier am Flughafen mit ihm.

Ein Hoch auf den Mechaniker Henry: Die Reparatur am Fahrwerk verlief einwandfrei und blitzschnell.

Man muss dazu sagen, dass Yura und ich in Amerika so viel Bier für die Reise mitgenommen hatten, dass wir jeden Abend mindestens ein paar Bier trinken konnten. Somit hatten wir immer ein Biervorrat für schlechte Zeiten. Am nächsten Tag sollte das Wetter besser werden. Leider sollte uns der Wind nicht zu Hilfe kommen. Es herrschte fast 70 km/h starker Gegenwind. Mit diesem Gegenwind würden wir unser geplantes Ziel Narsarsuaq nicht erreichen. Zwischen Goose Bay und Narsarsuaq gibt es keine Alternativen zum Landen. Nur den eiskalten Atlantik mit seinen sechs Grad Celsius. Wir beschlossen, noch einen Tag abzuwarten.

Am nächsten Morgen fuhren wir nach dem Frühstück wieder zum Flughafen. Wir waren startklar. Zum Glück bewahrheitete sich der 70 km/h starke Wind nicht. Es kam noch schlimmer. Ein Gewitter zog vom Atlantik in Richtung Goose Bay. Durch das Gewitter zu fliegen war keine Option. Also wieder die Flugplanung ändern. Die Verfügbarkeit von unserem Flugzeugtreibstoff in Kanada ist sehr rar. Das heißt, die Routen müssen sehr vorsichtig geplant werden und man muss vor dem Abflug am Flughafen anrufen und fragen, ob AvGas verfügbar ist. Ich fand ein Flughafen nördlich, der es uns erlaubte, das Gewitter zu umfliegen. Der Name des Flughafens lautete Kuujjuaq. Ich rief an, ob sie AvGas für uns hätten. Der Tankwart meinte, dass ausreichend AvGas vorhanden wäre. Wir hatten die Möglichkeit, den Sturm zu umfliegen, Benzin war ausreichend vorhanden. Das Wetter in Goose Bay war für einen Abflug nördlich auch super geeignet. Der dreistündige Flug nach Kuujjuaq war also die einzige Option, wenn wir heute Goose Bay verlassen wollten. Also flogen wir los. Wir dachten, dass wir kurz in Kuujjuaq tanken und dann sofort weiter nach Nuuk in Grönland fliegen würden. Da wussten wir leider noch nicht, was in Kuujjuaq auf uns zukommen würde. Der Start in Goose Bay verlief reibungslos, die alte Lady schnurrte wie eine Katze. Nach und nach ver-schwand jedes Anzeichen von Zivilisation. Wir konnten nicht einmal mehr vereinzelte Häuser oder Siedlungen sehen. Nur viele Flüsse und Seen. Hier war einfach gar nichts. Der Funk war still. Radar gab es auch nicht. Wir waren auf uns gestellt. Wir hatten nur die Anweisung, uns 100 Kilometer vor Kuujjuaq beim Fluglotsen in Montreal zu melden. Das taten wir auch und nach einer kurzen Begrüßung wurden wir zehn Minuten später an den Tower-Lotsen von Kuujjuaq weitergeleitet. Wir rechneten fest mit einer Schotterpiste. Man muss dazu sagen, dass es eine Schotterpiste und eine Asphaltpiste in Kuujjuaq gibt. Laut unserem Abflugbriefing war die Asphaltpiste wegen Umbauarbeiten geschlossen. Also rechneten wir mit dem Schlimmsten. Der Tower-Lotse teilte uns mit, dass die Asphaltpiste seit einer Stunde wieder geöffnet war und fragte, ob wir dort landen könnten. Ich freute mich. Die 340er ist kein Flugzeug, das man auf einer Schotterpiste landet. Die umfliegenden Steine beschädigen die sensible alte Dame. Die Landung in Kuujjuaq war butterweich und wir bekamen die Anweisung direkt am Terminal neben einer King Air zu parken. Wir dachten: alles easy! Benzin tanken und dann geht es weiter. Wir sind in spätestens einer Stunde wieder in der Luft. Da lagen wir kräftig daneben. Nachdem die Propeller ausgeschaltet und wir aus dem Flugzeug gestiegen waren, schauten wir uns die Lady genauer an. Okay, alles sah gut aus, keine Beschädigungen. Ich schaltete das Handy ein und wartete und wartete. Anscheinend gibt es keinen Handyempfang in Kuujjuaq. Kein Problem, wir würden bestimmt irgendwo Internet für die weitere Flugplanung finden. Wir standen circa 15 Minuten um das Flugzeug herum. Kein Mensch interessierte sich für uns. Niemand kam zu uns oder fragte, ob er uns helfen könne. Das waren wir nicht gewohnt. Normalerweise kam immer irgendjemand an das Flugzeug und wollte etwas verkaufen oder uns helfen. Fehlanzeige. Ich musste dringend auf die Toilette und lief zum Terminal. Im Terminal angekommen bekam ich einen Anschiss von der zuständigen Security. Der Security-Beamte sah aus wie Hulk Hogan auf Steroiden. Er schnauzte mich an, was mir einfallen würde, hier ohne Anmeldung herumzufliegen und wo meine Warnweste wäre. Schließlich befänden wir uns an einem internationalen Flughafen. Warnweste? Was wollte der von mir. Ich fragte ihn nach einer Warnweste, er drückte mir eine in die Hand und meinte, er würde diese gerne wiedersehen. Ich bedankte mich und fragte ihn nach der Toilette. Er wies mir den Weg. Danach wollte ich wieder zum Flugzeug. Ich versuchte, durch alle möglichen Türen auf das Vorfeld zu kommen. Auf einmal tauchte wieder der kleine Hulk auf. Er meinte, dass ich nicht einfach wieder rausgehen könne. Ich sagte zu ihm, dass er mich doch gerade hat reinkommen sehen. Nach einer weiteren Diskussion über internationale Flughäfen durfte ich mit meiner angezogenen Weste an mein eigenes Flugzeug gehen. Dort empfing mich Yura. Er meinte, dass immer noch keiner zu ihm gekommen wäre. Nachdem einfach niemand kam, machten wir uns auf den Weg, AvGas zu suchen. Hinter dem Tower sahen wir eine Blechbude mit ein paar Fässern vor der Tür. So schlecht sah das nicht aus. Wir betraten die Bude und der Tankwart schlief auf seinem Sessel. Nachdem er aufgewacht war, fragten wir ihn nach AvGas. Er meinte, er verkaufe nur Fässer. Das wussten wir bereits. Wir bestellten zwei Fässer. Wir dachten, der Herr bringt uns diese ans Flugzeug. Fehlanzeige. Er meinte nur: »Nehmt euch zwei Fässer vor der Bude.« Dann schob er unsere Kreditkarte durch das Lesegerät. Nachdem die Karte approved worden war, rührte sich der Tankwart gar nicht mehr. Wir klauten seinen Wagen und fuhren die Fässer ans Flugzeug. Nachdem wir die Fässer endlich ans Flugzeug gebracht hatten, fragten wir den Tankwart nach einer Pumpe zum Befüllen. Er meinte nur, dass er keine hätte und wir uns eine suchen sollten. Weiter ging es mit der Suche nach einer Pumpe. Wir sahen zwei Hangars und fragten uns nach einer Pumpe durch. Ein netter Mechaniker half uns und gab uns eine Handpumpe. Da waren wir glücklich. Nun konnten wir endlich loslegen mit dem Tanken. Der Tankvorgang dauerte circa eine Stunde, bis alle vier Tanks befüllt waren. Yura und ich schwitzten nach dem Tankvorgang. Kurz bevor wir fertig waren, kreuzte der Tankwart auf und meinte, er würde die nicht gebrauchten Liter Benzin unentgeltlich nehmen. Aber nicht mit uns. Wir schenkten das nicht benötigte Benzin dem Mechaniker zusammen mit einem 20-Dollarschein und bedankten uns für seine Hilfe.

Tanken im Norden Kanadas: keine einfache Sache!

So die Tanks waren voll, das Flugzeug okay. Jetzt benötigten wir nur noch einen Internetanschluss für den Flugplan nach Nuuk. Wir gingen zum Tower, dort befand sich ein Pilotenraum mit Telefon. Das half uns schon mal, das Wetter zu checken. Das Wetter war okay also wieder ein Punkt auf der Liste abgehakt. Nun brauchten wir nur noch Internet. Wir versuchten es beim Terminal für den Linienverkehr, wenn man das in Kuujjuaq so nennen kann. Hier fanden wir Internet, aber nur sehr langsames. Nach zehn Versuchen kam endlich die Meldung »Flight Plan acknowledged«. Perfekt, wir konnten los. Nachdem wir die Security überzeugt hatten, dass unser Flugzeug auf dem Rollfeld steht, konnten wir nach dem Sicherheitscheck zur Maschine gehen. Doch dann kam auf einmal Hulk angerannt und wir schauten uns beide an. Zum Glück wollte er nur seine Warnweste zurück. Endlich waren wir startbereit. Wir ließen die Triebwerke an, funkten den Tower an, um unsere Freigabe zu bekommen. Dieser erzählte uns, dass unser Flugplan eine absolute Katastrophe war. Ich weiß nicht, ob ich oder ob ForeFlight den Fehler gemacht hatte. Egal, aber es gab einen Flugplan und wir baten den Fluglotsen, ihn auf die richtige Uhrzeit mit dem Ziel Nuuk zu ändern. Zum Glück half uns der Fluglotse und wir konnten starten. Nachdem wir an die Oceanic Clearance weitergeleitet wurden, ging es wieder bei null los. Um über den Atlantischen Ozean einfliegen zu dürfen, benötigt man eine Clearance. Es gibt immer einen Einflugspunkt und einen Ausflugspunkt. Jede Stunde muss ein Positionsreport gemacht werden. In dem Positionsreport muss die Überflugzeit über den gewissen Punkt genau angegeben werden. Ebenso muss man bei der Meldung angeben, wann man am nächsten Positionspunkt ankommt. Den Positionspunkt, der aus Höhen und Breitengraden besteht, muss man selbstverständlich ebenfalls nennen.

Ein Positionreport sieht wie folgt aus:
N6MK Crossed Five Eight North/Five Three West at Time 10.30, Flight Level 150 Next Six Zero North/Four Eight West, estimated Time 11.30, Flight Level 150.

Diese Meldung muss jede Stunde abgegeben und die Zeiten nach jedem Überflugpunkt aktualisiert werden. Der Fluglotse von Oceanic Clearance bat uns, einen Flugplan mit neuen Zeiten abzugeben – während des Fluges! Da kamen wir beide ganz schön ins Schwitzen. Der Autopilot flog auf den

Entrypoint zu und Yura und ich machten die neue Flugplanung. Schließlich hatten wir alle Zeiten. Die Punkte waren gleichgeblieben. Yura übermittelte den Flugplan. Danach mussten wir abwarten. Kurz bevor wir den Einflugspunkt über dem Nordatlantik bekommen hatten, war die Freigabe da.

ÜBER DEN GLETSCHERN GRÖNLANDS

Ab jetzt waren wir drei Stunden von allen Menschen und jeglicher Zivilisation entfernt. Wir waren auf uns allein gestellt. Radar gab es nicht, aber das waren wir schon gewohnt. Die Triebwerke liefen rund und die erste Wolkendecke hatte uns erreicht. Der Wind drehte und unsere Geschwindigkeit verringerte sich um 20 Knoten. Das bedeutete, unsere Zeiten passten nicht und wir mussten das beim nächsten Meldepunkt mitteilen. Diese Meldungen müssen auch die Airliner abgeben, jedoch erfolgt sie dort automatisch. In den Wolken über dem Nordatlantik mit Temperaturen von minus 30 Grad fühlt sich alles ein wenig komisch ein. Bald erreichten wir den ersten Punkt. Yura meldete alles souverän und die Zeiten hatten wir dank GPS auch korrigieren können. Die ersten drei Stunden über dem Nordatlantik meint man, dass man Zeit hat, sich Gedanken zu machen oder über das Leben zu sinnieren. Doch ich war einfach viel zu beschäftigt das Flugzeug zu fliegen und zu versuchen das Eis am Flugzeug wegzubekommen. Das Navigationssystem fand auch keinen Flughafen im Umkreis von 400 Kilometern. Das Navigationssystem hätte auch keinen in 600 Kilometern gefunden, wir konnten den Radius zum nächsten Flughafen nur auf maximal 400 Kilometer einstellen. Nach ein paar weiteren Positionsmeldungen sahen wir langsam eine Insel vor uns auftauchen. Das war Grönland. Der Ausflugspunkt kam immer näher. Nachdem wir ihn erreicht hatten, wurden wir an die Flugsicherung Grönlands weitergeleitet. Wir dachten, hier hätten wir es mit einer radargestützten Flugsicherung zu tun. Leider war dies wieder nicht der Fall und wir mussten weiter die Ankunftszeiten voraussagen. Zum Glück bekamen wir hinter einer Iceland Air Maschine die Freigabe zum Instrumentenanflug auf Nuuk. Der Anflug führt zwischen Gletschern und Eisbergen in ein Tal, bis man dann mit einem Localizer auf den Endanflug geleitet wird. Das ist schon eine Erfahrung: ohne Radar zwischen Eisbergen und Gletschern zu fliegen und alles nur mit Positionsmeldungen.

Atemberaubende Aussichten beim Anflug auf Nuuk

Der Lotse machte sich anhand von Positionsmeldungen ein Bild von dem Verkehr. Ich hatte die Piste 23 in Sicht und war froh, dass wir die Etappe fast hinter uns hatten. Beim Einflug konnte man die Stadt im Hintergrund gut erkennen. Nach der Landung stand schon das Follow-me-Fahrzeug da und wies uns ein. Die erste Atlantik-Etappe war gemeistert!

Der Flughafen Nuuk befindet sich auf einem Plateau. Die Landelichter, die die Flugzeuge zur Landebahn führen, sind auf Stelzen gebaut, unter denen die Autos durchfahren. Nuuk ist mit circa 18 000 Einwohnern die Hauptstadt von Grönland.

Nach der Landung wurde die alte Lady betankt. Danach mussten wir sofort in den Tower. Wir mussten uns vorstellen und dann war alles okay. Wir konnten die Gebühren in Ruhe vor dem Abflug am nächsten Tag bezahlen. Das hörte sich alles sehr gut an. Wir nahmen uns ein Taxi in die Stadt zu einem Hotel. Der Übernachtungspreis für ein Hotel, ähnlich wie Ibis, beläuft sich in Grönland auf 300 Euro. Aber das war nur der Anfang. Auf Grönland muss man alle Preise mal drei nehmen, außer bei Alkohol da muss man sie mal vier nehmen. Die Landschaft und die Luft sind etwas ganz Besonderes. Eine endlose Weite und die Luft so klar, als könnte man sie trinken. Es wird auch sehr spät dunkel. Im Sommer wird es erst gegen Mitternacht dunkel. Es wird aber auch schon wieder um fünf Uhr morgens hell. Nach der Ankunft im Hotel wanderten Yura und ich ein wenig in Nuuk herum. In Grönland kann man nicht einfach von Ort zu Ort fahren. Da gibt es keine Straßen. Entweder fliegt man oder man fährt mit dem Boot. Touristen werden in Nuuk unterschiedlich betrachtet. Für manche Einheimischen sind sie ein Segen und für andere nur ein notwendiges Übel, das ihren Lebensraum zerstört. Nach ein paar Bier machten wir uns in einem chinesischen Restaurant an die Flugplanung. Hier bestätigte sich, was uns die Tower-Lotsen erzählt hatten. Morgens hängt sehr viel Nebel über der Stadt, der zur Mittagszeit weniger wird.

Wir besuchten an dem Abend noch eine Einheimischen-Bar und dann ging es ins Hotel. Als wir uns ins Bett gelegt hatten, war es immer noch hell. Also wir am nächsten Morgen aufstanden, war es schon wieder hell und wir hatten eine sehr dicke Nebelsuppe. Wir mussten das Hotel schon wieder um zehn Uhr verlassen. Die Check-out-Zeit zehn Uhr ist eigentlich eine Unverschämtheit. Den Check-out um zwei Stunden nach hinten zu verschieben, hätte nochmals 100 Euro gekostet. Danke nein, nicht mit uns. Wir beschlossen, in den lokalen Einkaufsmarkt zu gehen. Hier kauften wir ordnungshalber zwei Warnwesten, die nie ihre Verwendung fanden. Wir kauften Rentierfleisch als Souvenir und wir füllten unseren Wasservorrat für das Flugzeug auf.

Sobald sich der Nebel auflöste, wollten über die Gletscher Grönlands nach Kulusuk fliegen. Nach einer zweistündigen Wartezeit am Flughafen hatte sich der Nebel gelichtet. Vorher mussten wir im Tower unsere überhöhte Landegebühr inklusive Handling bezahlen. Wir landeten genau zwei Minuten zu spät am Flughafen und dafür wurde schon ein Vielfaches extra verlangt. Also immer schauen, dass man pünktlich ankommt. Die Tower-Lotsen am Flughafen Nuuk waren sehr hilfreich. Sie konfrontierten uns mit dem internationalen Flugplan, den wir ausfüllen sollten. Wir hatten das beide noch nie gemacht und sahen uns irritiert an. Einer der Lotsen bemerkte die Ratlosigkeit in unseren Gesichtern und füllte den Plan für uns aus. Wir nannten ihm lediglich unsere Überflugpunkte und die Zeit, den

Rest füllte er aus. Da hatten wir wieder Glück gehabt. Der Nebel war endlich verschwunden, die Maschine startklar und ich wollte einfach nur aus Grönland raus. Hier kostet alles ein Vermögen. Die Startfreigabe war erfolgt und wir flogen östlich auf den Atlantik zu. Wir flogen den Atlantik auf und ab, bis wir die 13 000 Fuß Höhe erreicht hatten, um die ersten Gletscher zu überfliegen. Bei 13 000 Fuß flogen wir östlich über Gletscher und kletterten hoch auf 21 000 Fuß. Da hatte es minus 35 Grad Celsius. Die Aussicht war fantastisch! Die Kompass-Variation in diesen Breitengraden beträgt 30 bis 40 Grad Abweichung. Das kann einen manchmal schon irritieren. Der Flug über die Gletscher dauert drei Stunden. Manchmal erwischt man eine Wolkenschicht und bekommt sofort Eisansammlungen am Flugzeug. Unter uns nur Gletscher und auch kein Radar. Wie schon die ganze Strecke ab Goose Bay sind wir komplett auf uns allein gestellt. Man sieht keine Flugzeuge und auch keine Siedlungen. Die Gletscher Grönlands sind ein solch menschenunfreundlicher Lebensraum.

Nach drei Stunden Flugzeit erreichen wir die Ostseite von Grönland. Über dem Atlantik müssen wir jetzt wieder Höhe verlieren. Die Gletscher haben wir hinter uns gelassen. Vor uns tauchen jetzt Eisberge auf. Der Flugplatz liegt auf Meereshöhe und wir sind noch auf 13 000 Fuß über dem Atlantik. Wir verlieren schnell an Höhe, um den Flughafen anfliegen zu können. Als wir nur noch 600 Fuß auf der Uhr haben, beginnen wir mit dem Anflug auf Kulusuk. Wir befinden uns auf dem GPS-Anflug für Piste 29. Auf einmal hören wir eine Twin Otter, die ebenfalls den Flughafen anfliegt. Wir sind Nummer eins zur Landung. Die Twin Otter ist jedoch vor uns und wir geben den Weg frei, indem wir unsere Geschwindigkeit reduzieren. Wir haben den Platz immer noch nicht in Sicht, als uns der Tower-Lotse kontaktiert. Wir fliegen eine Linkskurve durch das Tal und da taucht die Schotterpiste vor uns auf. Die 1100 Meter lange Asphaltpiste wirkt enorm klein. Ich fahre das Fahrwerk und die Landeklappen aus. Der Anflug sieht gut aus. Ich nehme die Geschwindigkeit weiter raus und die alte Dame setzt sauber und sanft auf. Ich vermeide starkes Bremsen und lasse die Dame ausrollen. Der Tower empfiehlt uns neben der Twin Otter, die vor uns gelandet war, zu parken.

Nachdem wir das Flugzeug abgestellt haben, inspizieren wir es auf irgendwelche Landeschäden. Die Piste in Kulusuk ist eine hügelige Schotterpiste. Deshalb sind wir froh, dass wir keinen Steinschlag oder Ähnliches am Flugzeug entdecken können.

Nach der Landung auf der Schotterpiste in Kulusuk

Wir werden dezent von den Flughafenmitarbeitern ignoriert. Die scheinen damit beschäftigt zu sein, ein Foto von unserem Flugzeug zu machen. Nachdem alle Fotos geschossen hatten, dachten wir, dass die Betankung endlich stattfinden könne. Doch da hatten wir weit gefehlt. Er wurde eine Pause eingelegt und dann wurde das Benzinfass ans Flugzeug gefahren. Dann stellten die Mitarbeiter fest, dass das Stromkabel des Benzinfasses nicht lang genug für die Betankung war. Eine gefühlte Ewigkeit wurde dann ein Kabel gesucht. Währenddessen versammelten sich die anderen Mitarbeiter um uns herum und fragten uns, warum wir mit so einem schönen Flugzeug hier reingeflogen sind. Der Letzte, der das versucht hätte, würde dort unten liegen. Sie deuteten auf die Erde. Wir fragten nicht weiter und hofften, dass dies bei der Landung passiert war. Endlich wurde das Kabel gefunden und die Betankung konnte erfolgen. Sobald die Pumpe lief, schnappte sich Yura den Schlauch und betankte selber. Sonst hätte der Tankvorgang wahrscheinlich noch angedauert. Ich begab mich in der Zwischenzeit in den Tower, um den Flugplan zu erstellen. Der Tower-Lotse war sehr hilfsbereit und machte den Flugplan für mich. Ich nannte ihm nur die Flugzeugdaten, die Überflugspunkte und die Überflugszeiten. Die Startbahn in Kulusuk ist sehr kurz, meinte ich zu dem Tower-Lotsen. Er erwiderte nur, ich könne ja auch die obere Straße mitbenutzen. Diese ist im gleichen Zustand wie die Startbahn. Er meinte, dass sie die Einzigen wären, die diese Straße benutzen und wir hätten 300 Meter mehr Startstrecke. Das hörte sich doch sehr gut an! Danach war der Tankvorgang auch erledigt und ich konnte bezahlen. Leider stellte sich heraus, dass das Kartenlesegerät im Tower nicht funktionierte. Sie hatten aber zum Glück noch ein zweites Gerät, das sich aber im Souvenirladen befand. Leider war der zuständige Mitarbeiter gerade in der Pause und wir mussten warten, bis der Herr zurückkam. Endlich war die Rechnung im Souvenirladen bezahlt und wir konnten weiter nach Island fliegen. Wir würden vier Stunden über den Atlantik fliegen, kein Festland weit und breit. Nachdem wir die Abflugchecks erledigt und die Tanks noch mal geprüft hatten, konnte die Reise nach Island beginnen. Wir bekamen die Taxi-Freigabe und fuhren über die Startbahn hinaus über die Straße, wie es uns der Tower-Lotse erzählt hatte. Die Startbahn lag nun vor uns und wir hatten die Startfreigabe. Ich brachte beide Gashebel langsam nach vorne und entlastete das Bugrad. Langsam setzte die alte Lady sich in Bewegung. Wir wurden immer schneller und erreichten bald unsere Abhebegeschwindigkeit von 90 Knoten. Ich flog weiter über die Piste, um Geschwindigkeit aufzubauen. Kurz vor dem Ende der Landebahn zog ich das Flugzeug hoch, um die Felsen am Ende der Bahn zu überfliegen. Das Fahrwerk verschwand im Rumpf der Maschine. Wir waren gut gestartet und hatten keine Probleme gehabt.

POINT OF NO RETURN

Unsere Route führte uns wieder über den Atlantischen Ozean. Wir hatten im Flugplan eine Höhe von 18 000 Fuß angegeben. Wir wollten im Falle eines Triebwerkausfalles so lange wie nur möglich in der Luft bleiben, um in unsere Überlebensanzüge zu schlüpfen. Unser Plan war, die Überlebensanzüge erst nach einem Triebwerksausfall anzuziehen. Der Pilot fliegt das Flugzeug und der Co-Pilot zieht sich den Anzug an. Danach wird gewechselt. Das war unser Plan. Ob dieser in Wirklichkeit funktioniert hätte, ist glücklicherweise nicht bekannt.

Yura und ich zum Test in unseren Überlebensanzügen in Goose Bay

Wir flogen den größten Teil der Strecke mit circa 60 Prozent Power, um Sprit zu sparen. So auch bei dieser Etappe. Bis wir die Flugfläche 180 erreicht hatten, durchflogen wir mehrere Wolkenschichten und wurden ganz schön durchgeschüttelt. Nachdem wir auf Flugfläche 180 angekommen waren, verlief der Flug sehr ruhig. Wenn man vier Stunden über den Atlantik fliegt, meint man, dass man Zeit hätte, sich viele Gedanken zu machen, aber die Überwachung der verschiedenen Instrumente nimmt alle Konzentration in Anspruch. Was ich ehrlich zugeben muss, ich schaltete ab und zu meinen MP3-Spieler ein, mit dem ich über meine Kopfhörer Musik hören kann. Ein ganz wichtiger Punkt beim Fliegen ist der »Point of no Return«. Also der Punkt, an dem man nicht mehr zurückfliegen kann. Über dem Atlantik ist das ganz besonders wichtig. Der Punkt wurde von uns vor jedem Flug genau ausgerechnet. Die Spritberechnungen machten wir alle 30 Minuten neu, um wirklich sicherzugehen, dass unsere Berechnungen richtig waren. Hatte sich der Wind gedreht oder flogen wir langsamer als geplant? Das mussten wir alles im Blick haben. Je besser der Flug vorbereitet ist, desto einfacher hat man es beim Fliegen.

Kurz nach dem Abflug auf Kulusuk

ANFLUG AUF ISLAND

Langsam tauchte wieder das Festland vor uns auf. Das ist schon ein sehr beruhigendes Gefühl, wenn nach dreieinhalb Stunden Ozean das Festland wieder zu sehen ist. Wir bereiteten uns auf den Anflug auf Reykjavik vor. Wir bekamen die Freigabe für den Instrumentenanflug auf Reykjavik. Wir sanken durch mehrere Wolkenschichten. Nachdem wir einen stabilen Anflug durch die Wolken hatten, sahen wir endlich den Flughafen Reykjavik vor uns. Wir bekamen die Landefreigabe und setzten zehn Minuten später in Reykjavik auf. Wir wurden sofort vom Follow-me-Auto auf unsere Parkposition geleitet. Wir stellten das Flugzeug zwischen mehreren Flugzeugen ab. Wir wollten nur tanken und dann direkt weiter. Leider war der Tankwart für den Abend schon gegangen und wir bekamen kein Benzin. Also mussten wir unfreiwillig die Nacht in Island verbringen. Wir stellten das Flugzeug endgültig ab und gingen zu den Zollbeamten, die im FBO auf uns warteten. Nachdem wir innerhalb von zwei Minuten den Zoll hinter uns gelassen hatten, buchte uns die Dame vom FBO ein Zimmer im Hotel gegenüber. Wären wir direkt von Goose Bay nach Narsarsuaq und dann nach Island geflogen, hätten wir uns zwei komplette Flugtage gespart und circa 1000 Flugkilometer, sowie zwei weitere Stopps. Leider war dies aufgrund des Wetters nicht möglich und wir mussten auf die nördliche Route ausweichen. So sind wir von Goose Bay nach Kuujjuaq, Nuuk, Kulusuk bis Reykjavik geflogen. Hätten wir nicht über die Gletscher Grönlands fliegen können, hätten wir einen weiteren Flugtag benötigt.

Im Hotel angekommen, legten wir die Koffer ab und fuhren sofort mit einem Taxi weiter in die Innenstadt. Man muss wirklich sagen, dass Reykjavik eine sehr schöne Stadt ist. Das Klima ist sehr angenehm und die Menschen sind unglaublich freundlich. Wir aßen und tranken ein paar Bier und dann ging es wieder ins Hotel zurück, da wir am nächsten Morgen früh in Richtung Great Britain aufbrechen wollten. Im Hotel angekommen, tranken wir beide noch einen Absacker an der Bar, bevor wir todmüde ins Bett fielen. Am nächsten Morgen klingelte um sechs Uhr der Wecker. Nach dem Frühstück liefen wir sofort zum Flughafen rüber und wollten die Flugplanung machen.

Endgültige Parkposition in Reykjavik

Yura schaute sich das Flugzeug an und machte die Rundgänge. Ich kümmerte mich um die Flugplanung mit ForeFlight. Nach zehn verschiedenen abgelehnten Routen von Euro Control gab ich auf und fragte den jungen Mann beim FBO um Hilfe. Er erstellte dann den Flugplan mit dem bereits bekannten internationalen Flugplan. Wir wollten nach Stornoway in Schottland fliegen. Das war die kürzeste Route über den Atlantik. Als wir mit der Routenplanung fertig waren, erschienen drei Österreicher im FBO. Wir kamen sofort ins Gespräch. Ich erzählte den anderen Piloten von den Problemen mit der Flugplanerstellung. Sie meinten, dass sie ein anderes Programm nutzen würden und bereits nach dem zweiten Versuch die Route bekommen hätten. Doch noch während unseres Gesprächs erhielten sie die Nachricht, dass auch sie keine Freigabe bekommen würden. Wir hatten unseren genehmigten Flugplan und konnten somit los. Jetzt nur noch Benzin tanken und auf nach Schottland. Nun hatten wir Island hinter uns gelassen und flogen in Richtung UK. Island ist eine sehr schöne Insel. Je weiter man in Richtung Osten fliegt, desto mehr bekommt man den europäischen Einfluss inklusive Bürokratie zu spüren. Die Sonne schien uns für die nächsten dreieinhalb Stunden ins Gesicht. Wir klebten die Scheibe mit Post-its zu, sodass wir noch etwas sehen konnten, uns die Sonne aber nicht blendete. In Goose Bay hatte ich in der Bar einen Ohrwurm gehört. Ich hatte den Titel des Liedes herausgefunden und es bereits heruntergeladen. Jetzt hörte ich den Song in einer Endlosschleife. Dazu die Sonne im Gesicht und ein wolkenloser Atlantik. Herrlich! Schnell war der »Point of no Return« gekommen und wir wussten, dass wir nach Schottland fliegen würden. Komme, was wolle. Die Motoren liefen immer noch ruhig und verbrauchten fast kein Öl. Sie hatten sich bei elf Quart Öl eingependelt. Das rechte Triebwerk der 340er ist schon über 1400 Stunden gelaufen und das linke Triebwerk über 700 Stunden, aber alles funktionierte tadellos. Ab Island waren wir wieder auf dem Radar. Das war auch ein sehr gutes Gefühl, keine Positionsmeldung abgeben zu müssen. Die schottische Küste begrüßte uns schon mit einer kleinen Wolkendecke. Der Flug verlief fast ohne Turbulenzen und bei überwiegend schönem Wetter. Dies war sehr ungewohnt für uns. Der Anflug auf Stornoway über die Küste von Schottland war sehr reizvoll. Die Landebahn in Stornoway ist sehr lang und gut ausgebaut. Nachdem wir ausgestiegen waren, umarmten wir uns. Wir waren in Europa angekommen. Wir dachten, dass wir nur kurz tanken und dann direkt weiterfliegen würden. Wir baten den Tankwart, alle Tanks aufzufüllen. Der Tower-Lotse bat uns beide, in den Tower zu kommen. Oben im Tower angekommen schauten die beiden Tower-Lotsen uns an und fragten, woher wir gekommen sind. Wir schilderten ihnen unsere Route und beide fanden das sehr cool. Jedoch hatten die beiden Herren von uns keinen Flugplan mit Zollmeldung erhalten.

Ich fragte, was das bedeutet. Er meinte, dass er den Zoll anrufen müsse und ihn über unsere Ankunft informieren. Kein Problem von unserer Seite. Am Telefon bekam ich jedoch richtig Ärger, da wir uns nicht angemeldet hatten. Ich gab dem Zollbeamten alle unsere Daten und die Flugzeugkennung durch und dann musste ich den Hörer an den Tower-Lotsen weitergeben. Ich hörte den Tower-Lotsen sagen, dass wir beide ordentlich aussehen würden und einen vernünftigen Eindruck machten. Dann legt der Lotse auf und lachte. Er meinte, er hätte das geklärt, wir müssen uns nur online registrieren und dann würde das schon funktionieren. Die Registrierung dauerte ein paar Minuten und wir waren offiziell in Schottland eingereist. Der Tankwart rief schon im Tower an und wollte sein Geld für das Benzin. Ich besuchte den Tankwart, um meine Rechnung zu bezahlen. Ich gab ihm meine Amex-

Karte aber die akzeptierte er nicht. Dann gab ich ihm meine Mastercard. Diese wurde abgelehnt, da das Limit erreicht war. Ich rief bei Mastercard an, um das Limit freizuschalten. Das dauerte aber 24 Stunden. Was tun? Yura hatte auch nur eine American Express. Aber es gab noch die AirBP-Karte. Die gab ich ihm. Er versuchte es mit dieser Karte, kam zurück und meinte, dass diese auch nicht funktionieren würde. Nach einem Telefonat mit AirBp stellte sich heraus, dass der Tankwart die Nummer nicht richtig eingegeben hatte. Okay, das Problem mit dem Benzin war geklärt. Wieder hoch in den Tower Landegebühren bezahlen. Parallel versuchte ich, eine Flugplanung nach Irland zu erstellen. Leider wurden meine Flugpläne von ForeFlight immer wieder abgewiesen. Ich sah keine andere Möglichkeit, als die Lotsen um Hilfe zu bitten. Der Lotse nahm sich 20 Minuten Zeit, holte eine Luftkarte heraus und plante mit mir jeden Punkt bis Cork in Irland. Er half mir, jedes Problem bei ForeFlight zu regeln. Jedes Routing wurde individuell verändert. Ich war ihm sehr dankbar.

Nachdem das Benzin und die Landegebühr bezahlt worden waren und wir einen gültigen Instrumenten-Flugplan nach Cork hatten, konnte es endlich losgehen. Warum Cork? Es wäre schneller gewesen, direkt auf das europäische Festland zu fliegen, als einen Umweg über Irland zu fliegen. Wir mussten aber noch Yuras Freundin abholen. Wir wollten sie in Irland treffen und mit nach Deutschland nehmen. Nachdem alles in Stornoway geklärt worden war, ging es nach Instrumenten-Flugregeln auf nach Irland. Der Start verlief sehr ruhig. Die Wolkengrenze war sehr weit unten und schon nach fünf Minuten waren wir in den Wolken. Nach weiteren fünf Minuten waren wir wieder über den Wolken. Der Fluglotse sagte uns: »Fly direct Cork.« Wir schauten uns an. Der ganze Planungsprozess für nichts! Das ist Europa. Wir verbrachten mehr als eine Stunde mit der Flugplanung nach Irland und dann »cleared direkt«. Wir waren beide sehr verwundert. Wir flogen in Flugfläche 140 über die Britischen Inseln und waren froh, wieder Festland unter uns zu haben. Dem Flugzeug ist es egal, ob es nachts, tags oder über Wasser fliegt. Nur der Pilot hat manchmal ein ungutes Gefühl. Die alte Lady hielt definitiv durch. Wir hatten ein kleines Ölleck, das aber nicht so schlimm war. Es befand sich am linken Motor am Drehzahlgeber. Wir mussten alle zehn Stunden einen Liter Öl nachfüllen, das hielt sich in Grenzen. Wir landeten auf Schotterpisten, auf langen Verkehrspisten und hatten einen Höllenspaß. Aber wir hatten immer noch einiges vor uns. Unser

Ursprungsplan war, in Shannon Irland zu landen, weil Yura dort die meiste Zeit verbringt, wenn er nach Europa reist. Shannon ist seine zweite Heimat. Leider konnten wir nicht nach Shannon fliegen, da es dort nur JET-Benzin und kein AvGas gab. Yuras Freundin ließ sich von einer Freundin nach Cork fahren und wir waren auf dem Weg sie dort abzuholen. Ich hatte ein wenig Probleme, mich an den schottischen und irischen Dialekt der Fluglotsen zu gewöhnen. Die Fluglotsen sprechen schnell und undeutlich. 25 Minuten vor Cork, begannen wir unseren Sinkflug. Die Wolkendecke lag unter uns und wir wussten, dass der Anflug sich komplett in den Wolken abspielen würde. Wir wussten auch, dass unser Autopilot zum größten Teil einen Anflug in den Staaten fliegen konnte, aber wir hatten es in Europa noch nicht getestet, also ließen wir den Autopiloten fliegen. Eigentlich hätte uns klar sein müssen, dass der Autopilot nicht zwischen Ländern unterscheiden kann. Leider musste ich den Anflug wieder selber fliegen, da hinter uns ein Ryanair-Jet flog und wir ihm den »Maximum Forward Speed« geben mussten. Also flogen wir den Anflug nicht mit 110, sondern mit 160 Knoten. Bei dieser Geschwindigkeit spielt sich alles viel schneller ab. Man muss mehr aufpassen, weil es auch schneller vorbei sein kann. Wir flogen den ILS-Anflug. Hier wurden wir horizontal und vertikal geführt. Nach der Landung in Cork kann man nicht über irgendwelche Taxiways zum Terminal zurückfahren. Man muss auf der Landebahn umkehren und zum Terminal zurück. Das Ganze heißt Backtrack. Der Ryanair-Jet hinter uns drängelte schon und wir mussten uns mit dem Backtrack beeilen. Angekommen am Terminal war ich doch verwundert, wie groß das Terminalgebäude ist. Hier standen bestimmt 30 Ryanair-Maschinen und 20 Air-Lingus-Maschinen. Wir wurden vom Follow-me-Fahrzeug auf einen östlichen gelegenen Stellplatz begleitet. Nachdem wir eingewiesen worden waren, stellten wir die Maschine ab. Der obligatorische Außencheck danach gehört einfach dazu. Alles okay am Flugzeug. Wir stiegen aus und fragten nach Benzin. Der nette Herr meinte, Benzin gibt es nur am Flugklub. Wir wollten uns auf den Weg zum Flugklub machen, doch er hielt uns auf und erklärte uns, dass wir erst durch den Zoll müssten und Handling-Fee bezahlen müssten, bevor wir weitergehen durften. Ich schaute ihn an und meinte, dass wir in Europa sind und ob er das Wort Schengener Abkommen schon einmal gehört habe. Er meinte, er führe nur Anweisungen aus. Also gut, wir sprangen in seinen Ford Transit Bus und er fuhr uns zum Terminalgebäude. Er parkte direkt davor und führte uns an den Passagieren vorbei zum Zoll. Wir fragten ihn, ob wir uns etwas zu essen von den Restaurants mitnehmen könnten. Er erwiderte, dass es kein Problem sein wird, wir müssen nur vorher durch den Zoll. Gefühlte 20 Sicherheitstüren und drei Treppenhäusern später standen wir vor einem Zollhaus, das geschlossen war. Wir fragten, wo der Zoll ist. Er meinte, wir müssen nur um das Zollhaus herumlaufen und dann könnten wir zu den Restaurants. Wir liefen um das Zollhaus und er hieß uns willkommen in Irland. Das war der Zoll. Danach ging es am Sicherheitscheck vorbei, hier nahmen wir uns ein Sandwich und ein paar Getränke mit. Danach ging es wieder über drei Treppenhäuser und 20 Türen zu unserem Ford Transit. Mit dem Transit fuhren wir zum letzten Ende des Terminals, dort stiegen wir aus und folgten ihm durch einen schmalen Gang zu seinem Büro. Hier wollte er 250 Euro von uns für Handling und für die Zollabfertigung. Yura und ich versuchten, den Preis zu drücken, aber keine Chance das sind die Gebühren und die müssen bezahlt werden. Also bezahlten wir die 250 Euro und durften anschließend zur Tankstelle fahren. Triebwerke an. Freigabe zum Starten holen, Freigabe holen, um zur Tankstelle zu fahren. Dann zur Tankstelle. Eine richtige Tankstelle gab es in diesem Sinne nicht. Es gab nur einen Tankanhänger. Dort standen bestimmt 20 Flugzeuge herum, von einer Cessna 150 bis zu einer Piper Seneca. Als wir aufkreuzten, war das Ganze ein komplettes Chaos. Wir stellten die Maschine ab und schoben sie per Hand in eine kleine Lücke. Wir waren Nummer 15 in der Reihe zum Tanken. Das würde eine Weile dauern. Ich überließ Yura das Tanken und widmete mich dem Flugplan. Wir würden es mit einer Tankfüllung nicht nach Walldürn schaffen, das war klar. Wo konnten wir eine Nacht verbringen und am nächsten Morgen tanken? Ich suchte die Nordküste Frankreichs nach geeigneten Flugplätzen ab. Die Prämisse war, spät landen zu dürfen und günstiges Benzin zu bekommen. Da kam leider nur ein Flugplatz infrage: Merville in Frankreich. Okay nun musste ein Flugplan nach Merville her. Am Flughafen gab es eine Flugschule, dort fragte ich, ob mir jemand mit der Flugplanung helfen konnte. Die Aussage von allen war: Wir sind nur in Irland geflogen und wir wissen gar nicht, wie man außerhalb Irlands fliegt. Also konzentrierte ich mich auf ForeFlight. Ich kämpfte über 40 Minuten mit ForeFlight, bis ich endlich einen anerkannten Flugplan bekam. Nachdem ich endlich einen Flugplan hatte, durfte die Maschine in der Zwischenzeit bestimmt schon betankt und Yuras Freundin angekommen sein. Leider war nichts davon geschehen. Yura war der Nächste an der Tankstelle, so half ich ihm, das Flugzeug zu tanken. Nach dem Tanken ist Yuras Freundin aufgetaucht. Wir konnten endlich los. Leider hatte ich vergessen, ein Hotel zu buchen. Ich rief meine Freundin an, aber die konnte nicht ans Telefon gehen, da sie gerade einen Schwangerschaftskurs besuchte. Das war der einzige Termin. Nennen wir ihn Anstandstermin. Nachdem ich sie nicht erreichen konnte, rief ich meine Schwester an und fragte, ob sie mir ein Hotelzimmer buchen konnte. Sie meinte, dass sie sich darum kümmert. Dann sind wir eingestiegen. Triebwerke an und nichts wie raus aus Irland.

Wir hatten geplant, über London zu fliegen und dann über den Teich nach Frankreich. Die Wolkendecke hat sich teilweise aufgelockert. Beim Abflug aus Cork drängte hinter uns wieder eine Ryanair-Maschine. Nach dem Start wurden wir in ein Hold geleitet, sodass die Ryan an uns vorbeifliegen konnte. Danach hatten wir wieder freie Bahn nach England. Die Flugplanung war wieder mal sehr kompliziert mit circa 16 Überflugspunkten. Der Lotse gab uns die Anweisung, direkt nach London zu fliegen und dann direkt nach Merville. Wieder mal wurde alles über den Haufen geworfen. Die britischen Fluglotsen waren sehr nett, was man von den französischen Lotsen nicht sagen kann. Yura flog und ich funkte. Über dem Ärmelkanal wurden wir zur französischen Flugsicherung weitergeleitet. Das ist ein Erlebnis. Ich meldete mich »Lille Approach« mit »Lyon Approach«. Die Antwort des französischen Fluglotsen war nur: »Falsche Frequenz.« Er hätte doch sagen können, dass er »Lille Approach« ist und nicht »Lyon Approach«. Das war unser Einstand in Frankreich. Nachdem wir Merville nähergekommen waren, meinte der Lotse, dass wir dort nicht landen können, weil man am Flugplatz von Merville Französisch sprechen musste. Ich erzählte ihm, dass ich vorher mit dem Tower gesprochen hätte und dieser mir versichert hatte, dass wir uns dort auch auf Englisch verständigen konnten. Der Lotse erwiderte nur, dass der Tower geschlossen wäre. Ich machte ihm klar, dass die Aussage auch nach Towerschluss zählen würde. Dies hatte der Tower-Lotse mir auch so gesagt. Der Lotse meinte, wir sollen unser Glück versuchen. Wir waren zehn Minuten vom Flugplatz Merville entfernt dann wollte der Lotse uns ein Rerouting mit einem neuen Anflugverfahren aufs Auge drücken. Ich fragte ihn, ob er uns nicht einfach auf den Endanflugkurs bringen konnte. Doch er weigerte sich. Nach langer Diskussion und Androhung eines Notfalles tat er uns dann den Gefallen. Es war zehn Uhr nachts und wir waren der einzige Flieger auf seiner Frequenz. Weit und breit um uns herum waren auch keine Flugzeuge unterwegs. Das war nur reine Schikane. Nachdem wir uns endlich auf dem Endanflugkurs befanden, gab uns der Lotse an einen unkontrollierten Flughafen weiter. Wir bedankten uns für seine Hilfe und er verlangte, dass ich ihn nach der Landung nochmals anrufen sollte. Das würde bestimmt Ärger geben. Nun war aber die Landung wichtiger. Nach der Landung suchten wir einen Parkplatz. Der Flughafen wirkte sehr verlassen. Wir parkten einfach vor dem Tower. Nachdem wir das Flugzeug abgestellt hatten, machte ich das Handy an. Siehe da, meine Schwester hatte uns ein Hotel gebucht. Sehr schön. Nun wurde es Zeit, meinen Freund anzurufen. Nachdem ich den Lotsen am Telefon erreicht hatte, fragte er, ob wir gut angekommen seien. Ich bejahte und dankte ihm für seine Hilfe. Er erwiderte nur, dass der Flugplan nun geschlossen sei. Ich war sehr erleichtert, dass wir von einer Moralpredigt am Telefon verschont blieben und es keine weiteren Konsequenzen gab. Nun waren wir endlich in Frankreich angekommen, hatten ein Zimmer im Hotel und keinen Ärger bekommen. Leider war der komplette Flughafen abgeschlossen. Alle Türen waren verschlossen und wir konnten das Gelände nicht verlassen. Also mussten wir über den Zaun klettern. Nachdem wir mit unserem Gepäck über den Zaun geklettert waren, mussten wir irgendwie ins Hotel kommen. Ich rief alle möglichen Taxinummern an, die ich bei Google finden konnte. Leider ohne Erfolg. Das war schon sehr komisch. Nachts um 22 Uhr gab es keine Taxis in Merville. Also rief ich bei uns im Hotel an und fragte die Dame, ob sie uns ein Taxi rufen könne. Leider wollte oder konnte die Dame kein Englisch sprechen. Ich versuchte 20 Minuten lang zu erklären, dass sie uns bitte ein Taxi rufen und an den Flughafen schicken soll. Ich denke, die Wörter Taxi, Airport und Hotel versteht selbst der letzte nicht englischsprachige Mensch. Ich dachte, nach einem 20-minütigen Telefonat, sollte es selbst die französischsprachige Dame verstanden haben. Wir warteten und warteten, doch es kam kein Taxi. Die Polizei fuhr vorbei und ich hielt sie an, um unsere Situation zu erklären. Sie riefen die Dame im Hotel an und unterhielten sich mit ihr auf Französisch. Selbst auf Französisch dauerte das Telefonat fast zehn Minuten. Die Polizisten sicherten uns zu, dass sein Taxi kommen würde, und ließen uns alleine. Nach weiteren 30 Minuten tauchte endlich das Taxi auf und fuhr uns zum 20 Minuten entfernten Hotel. Zum Glück hatten wir noch Bier dabei, sodass wir die fast zweistündige Taxiwartezeit nicht auf dem Trockenen gesessen waren. Im Hotel angekommen musste ich der Hoteldame meine Meinung sagen. Sie ließ dann eine Runde für uns drei springen. An der Bar saß ein Österreicher, der unserer Konversation eifrig folgte. Nach einer Weile zog er mich beiseite und bat uns Jobs als Drogenkuriere an. Wir sollten ein mit Drogen beladenes Flugzeug aus Südamerika nach Europa fliegen. Da würden wir sehr gut Geld verdienen. Ich schaute den Typ einfach nur an, wünschte ihm eine gute Nacht und legte mich in mein Hotelzimmer. Wieder einen Spinner mehr getroffen. Am nächsten Morgen verabredeten wir uns um sieben Uhr morgens zum Frühstück, damit wir gleich weiter nach Wall-dürn fliegen konnten. Nach dem Frühstück bestellten wir ein Taxi bei einer anderen Dame an der Rezeption. Zum Glück ließ das Taxi nicht zu lange auf sich warten. Unser Plan war es, zu tanken und dann direkt nach Walldürn zu fliegen. Ich machte den Flugplan im Taxi und es sah alles super aus. Der Flugplan wurde angenommen. Jetzt benötigten wir nur noch unseren Sprit. Laut dem Flughafen gab es dort auch AvGas. Was sollte da noch schiefgehen? Am Flughafen bezahlte ich die Landegebühr und wir fuhren zu Tankstelle. Als ich an der Tanksäule bezahlen wollte, funktionierte keine von meinen oder Yuras Kreditkarten. Wir versuchten das Ganze mehrfach. Leider kein Erfolg. Ich lief zum Büro, wo ich meine Landegebühr bezahlt hatte. Dort erzählte man mir, dass die Bezahlung nur mit einer TOTAL-Karte möglich wäre. Die es natürlich nur in Frankreich gibt. Eine Barzahlung sei nicht möglich und man könne uns nicht weiterhelfen. Ich klapperte alle Han-gars nach jemandem ab, dem wir Bargeld geben könnten, der uns dafür mit seiner TOTAL-Karte half. Leider gab es niemanden, der uns helfen konnte, beziehungsweise wollte. Ich lief zum Tower und sprach mit dem Lotsen. Er empfahl uns einen 15 Minuten entfernten Flugplatz, der AvGas verkaufte. Er rief sogar dort an und fragte nach, ob wir auch mit regulären Kreditkarten bezahlen könnten. Der Lotse nickte mir zu und ich war erleichtert. Also auf nach Niergnies! Wir hatten noch circa eine Stunde Benzin in allen Tanks.

WELCOME HOME

Die Wolken zogen bereits über den Flughafen. Wir starteten und wurden direkt nach dem Start an den französischen Fluglotsen weitergegeben. Hier erklärte Yura dem Fluglotsen, dass wir erst in Niergnies landen würden, um dann weiter nach Wallürn zu fliegen. Ich flog über die Wolken, um Wind-räder herum und da war schon der Flugplatz. Die Landebahn war 800 Meter lang. Also lang genug! Der Platz war sehr schön. Wir fuhren an die Tankstelle und stellten das Flugzeug ab. Die Tankstelle war verschlossen und wir ahnten nichts Gutes. Ich lief in das Flughafenrestaurant und versuchte, jemanden zu finden, der uns helfen konnte. In einem Stuhl saß ein älterer Herr. Ich sagte nur »AvGas« und er verstand sofort, was ich wollte. Er folgte mir an die Tankstelle und gab das Benzin frei. Wir füllten die alte Lady auf und waren sehr glücklich. Nachdem die Rechnung bezahlt worden war, machte ich den Flugplan nach Walldürn. Die Landegebühr wurde aufgrund der hohen Spritabnahme gestrichen. Wir starteten und meldeten uns beim französischen Fluglotsen. Der fand natürlich unseren Flugplan nicht. Er hatte den alten Flugplan noch im System. Das machte aber gar nichts, da er uns eigentlich direkt nach Luxemburg schickte. Nach einer Stunde in der Luft konnten wir endlich mit »Langen Radar« reden. Kurz über Michelstadt wechselten wir vom Instrumentenflug zum Sichtflug. Es waren noch 20 Minuten bis Walldürn. Wir flogen über Buchen und bekamen die Piste 06 in Walldürn zugeteilt. Wir flogen direkt ein. Nach acht Flugtagen hatten wir es endlich geschafft. Wir landeten in Walldürn. In Walldürn wurden wir königlich empfangen. Meine Freundin organisierte eine tolle Arrival-Party. Meine Mutter, meine Freunde und viele Mitarbeiter waren gekommen. Leider blieb meine Schwester dem Ganzen fern. Ich freute mich riesig, dass so viele Freunde und Wegbegleiter gekommen waren. Nach acht Tagen und über 12 000 Kilometern war ich auch froh, wieder in Deutschland angekommen zu sein. Schon während des Anflugs auf Walldürn konnten wir die Menschenmasse und die Banner sehen. »Herzlich willkommen Yura und Max.« Das war einfach wirklich toll! Jeder freute sich sichtlich über unsere Ankunft.

Freudige Ankunft in Walldürn

ABSCHLUSSGEDANKEN

Vor dem Überflug kamen ein paar kritische Stimmen auf, ob dies der richtige Zeitpunkt sei oder ob man das wirklich machen müsse. Die Antwort ist ganz einfach: Ja, es war der richtige Zeitpunkt und ja, die Atlantiküberquerung ist ein einmaliges Erlebnis. Wenn man die Chance dazu hat, muss man sie ergreifen. Es gibt Dinge im Leben, die man einfach nicht erklären kann. Leuten, denen man das erklären muss, verstehen es sowieso nicht. Aus einem Traum wurde ein Erlebnis. Man muss versuchen, seine Träume in die Wirklichkeit umzusetzen.

Auf der Reise haben wir viele Menschen und verschiedene Kulturen kennengelernt. Wir waren über 60 Flugstunden in der alten Lady unterwegs. Schulter an Schulter gesessen. Wir hatten oft verschiedene Meinungen und haben viel über die Welt philosophiert. Diese Lebenserfahrung nimmt einem keiner mehr. Es war eine wunderschöne, fliegerisch sehr anspruchsvolle Zeit. Man muss sich gut vorbereiten und konzentriert bei der Sache sein. Das Wetter ist unberechenbar und unvorhersehbar. Wenn man auf 35 000 Fuß in einer Linienmaschine über Grönland fliegt, kann man sich gar nicht vorstellen, was unter einem liegt. Die unendlichen Weiten unserer Welt sind unglaublich und atemberaubend. Eine Linienmaschine benötigt für die gleiche Entfernung circa zwölf Stunden. Wir mussten 16 Zwischenstopps aufgrund von Benzinmangel einlegen. Eine wunderbare Reise, die mich auch in meiner persönlichen Fliegerei sehr viel weitergebracht hat. Hat man Angst über dem Atlantik? Sicherlich ist man ab und zu beunruhigt. Rückwirkend würde ich es genauso wieder machen. Ich habe das für mich gemacht und nicht, um jemandem etwas zu beweisen. Man muss sich Ziele setzen und diese Ziele eisern verfolgen. So ist es im geschäftlichen Bereich wie auch im privaten Bereich. Was passiert jetzt mit N6MK? Das Flugzeug bleibt in Walldürn und ich fliege auch in Europa weiter und versuche, Berufliches mit Privatem zu verbinden. Wir sind mit einem 45 Jahre alten Flugzeug in acht Tagen über 12 000 Kilometer geflogen, mit einem dreitägigen Stopp in Goose Bay. Die alte Lady hat uns nicht im Stich gelassen. Ich bedanke mich bei meiner Freundin, meiner Familie, meinen Freunden und Mitarbeitern, die mir den Rücken freigehalten haben, damit ich meinen Traum leben konnte. Steht auch ihr auf und lebt euren Traum.

DANKSAGUNG

An dieser Stelle möchte ich allen Personen danken, die mich auf meinem Weg unterstützt haben. Wir haben ein fantastisches Team in der gesamten Firmengruppe, das mir ermöglichte, meinen Traum umzusetzen. Parallel zur Arbeit und meiner Flugzeugliebe habe ich noch eine Tochter, die in der ganzen Situation sicherlich nicht zu kurz kommen durfte. Hier möchte ich meiner Freundin Iris danken, die mir den Rücken freigehalten hat und sich auch um unsere »gemeinsame« Tochter immer gut kümmerte. Zudem war sie während der Überquerung mit unserem gemeinsamen Sohn Maximus schwanger. Ich habe immer an die beiden gedacht und mich sehr auf die Geburt gefreut. Meinem Vater danke ich dafür, dass er mich zu diesem großen Abenteuer ermutigt hat. Ich bin sehr glücklich darüber, dass ich dies erleben durfte.